新农村建设丛书 > 生产发展 / 生活富裕 / 乡

新农村店铺经营

XIN NONG CUN DIAN PU JING YING ZHI SHI WEN DA

知识问答

孙聚兴 谢 广 杨玉萍 编著

河北出版传媒集团

河北科学技术出版社

图书在版编目（CIP）数据

新农村店铺经营知识问答 / 孙聚兴 , 谢广 , 杨玉萍
编著 . -- 石家庄 : 河北科学技术出版社 , 2017.4
　　ISBN 978-7-5375-8284-1

　　Ⅰ . ①新… Ⅱ . ①孙… ②谢… ③杨… Ⅲ . ①商店 —
商业经营 — 问题解答 Ⅳ . ① F717-44

中国版本图书馆 CIP 数据核字 (2017) 第 031317 号

新农村店铺经营知识问答

孙聚兴　谢　广　杨玉萍　编著

出版发行：	河北出版传媒集团　河北科学技术出版社	
地　　址：	石家庄市友谊北大街 330 号（邮编：050061）	
印　　刷：	山东泰安新华印务有限责任公司	
开　　本：	710mm×1000mm　1/16	
印　　张：	10.5	
字　　数：	135 千字	
版　　次：	2017 年 7 月第 1 版	
印　　次：	2017 年 7 月第 1 次印刷	
定　　价：	20.00 元	

如发现印、装质量问题，影响阅读，请与印刷厂联系调换。

厂址：泰安市泰山区灵山大街东首 39 号　电话：（0538）6119302　邮编：271099

前 言 /Catalogue

　　新农村经济的好形势已经成为当前经济社会发展的突出亮点，同时随着农民收入持续增长、农村消费者购买力的不断增强和农村生活水平的不断提高，农村消费市场"享受型消费"不断升温，正在逐渐告别过去"求价不求质"的时代，这些都为增加农村消费和店铺经营创造了有利条件。

　　细看身边的变化，最大的莫过于越来越多的店铺出现在了农村生活中。这么多的店铺涌现出来，为什么？答案很简单——有钱赚。直接和消费者打交道的店铺是市场经济最后也是最重要的一个环节，农村经济的迅速发展也使得店铺如雨后春笋般地涌现出来，这就为我们广大农村朋友发家致富提供了广阔的舞台。

　　那么，怎样成功开一家属于自己的店铺呢？这看起来似乎简单，其实里面的学问还是很多的。开什么样的店？在哪里开？店面怎样装饰？怎样经营管理等，都需要每个开店铺的人引起足够的重视。

　　本书包括店铺经营前的工商登记、投资预算、店铺选址、市场分析、店铺设计、商品陈列技巧、经营管理等内容。系统为您介绍了如何成功经营一家店铺的相关知识，全书采用问答形式，问答简洁明了，内容科学实用，不管您是初入此行还是已经拥有了一个店铺，相信都能从中学到许多东西。

开卷有益，真心祝愿您能通过店铺经营走上成功、富裕之路。

编　者

2010 年 8 月

目 录/Catalogue

四、做好店铺的市场分析 …………………… 20

五、大有讲究的店铺设计 …………………… 25

六、货架设计和商品陈列的技巧……………………… 40

七、商品定价的学问 ························ 55

八、店铺的商品管理 ······················ 59

十一、为顾客提供优质的服务 …………… 92

十二、店铺的安全管理 …………… 107

十三、店铺的网络营销························ 112

十四、店铺的操作实务························ 117

十五、店铺的连锁经营·············· 130

一、店铺经营前的工商登记

◆ **怎样做好店铺经营的心理准备**？

　　店铺经营之前，一定要做好心理上的准备。整个店铺的经营过程不是一帆风顺的，可能会遇到各种各样的困难，因此店铺经营前的心理准备就显得很重要，具体包括以下几方面：

　　（1）在心理上要做好迎接吃苦受累的准备。开店之后可能就没有太多休息的时间，可能会经常工作到深夜，而且店铺经营的初期可能会亏损，因此要有心理上的准备，否则真的经营起来，可能会很不适应。

　　（2）心理上要对店铺经营的风险有一定的认识，做相应的心理准备。我们经营店铺的目的多是为了赚钱，但经营店铺的过程却是有风险的。风险并不可怕，只要我们保持冷静的心态，提前做好各种准备，就可以将经营风险控制在最小的范围。因此在店铺经营之前我们在心理上要正确认识经营中的风险，这样在面对风险的时候，就能做到有勇有谋。

　　因此，做好相应的心理准备在店铺经营过程中有很重要的作用。

◆ **申请店铺营业执照必须具备哪些条件**？

　　根据城乡个体工商户管理暂行条例实施细则，进行店铺营业执照的登记申请要首先具备以下条件：

（1）申请从事工商业经营的，申请人应当持户籍证明，向户籍所在地的工商行政管理所提出申请。

（2）能够以其财产独立承担民事责任。

（3）有必要的与经营范围相适应的经营场所和设施。

（4）有与生产经营规模和业务相适应的从业人员。

（5）申请人属下列情况之一者，申请登记时，除户籍证明外，应当出具有关证明：①申请从事饮食业、食品加工和销售业的，应出具食品卫生监督机关核发的证明；②申请从事药品销售、烟草销售等的，应提交有关部门批准文件或者资格证明；③申请从事旅店业、刻字业、印刷业的，应提交所在地公安机关的审查同意证明。

（6）有符合规定数额并与经营范围相适应的注册资金。

（7）符合国家法律、行政法规和政策规定的经营范围。

（8）法规规定的其他条件。

◆ 店铺经营登记的主要项目有哪些?

（1）字号名称。是指个体工商户为其营业厂、店等所起的名称，县级同一行业中字号名称不得相同。没有字号名称的，本项目不予登记。

（2）经营者姓名。是指依法经核准登记的申请人姓名。

（3）经营者住所。是指申请人户籍所在地详细住址。

（4）从业人数。是指参加经营活动的所有人员，包括经营者、参加经营活动的家庭成员、帮手和学徒。

（5）资金数额。是指申请开业时的注册资金。

（6）经营范围。是指经核准经营的行业和商品的类别。个体工商户可以一业为主，兼营与主业相关的其他业务。

（7经营方式，包括自产自销、代购代销、来料加工、零售、批发、批零兼营、客运服务、货运服务、代客储运、代客装卸、修理服务、培训服务、咨询服务等。

（8）经营场所。是指厂址、店铺、门市部等所在市（区）、县、乡镇（村）、街道门牌的地址，及经批准的摊位地址或本辖区流动经营的范围。

◆ 店铺营业执照办理和使用过程中有哪些注意事项?

（1）县级工商行政管理部门应当在受理申请登记之日起 30 日内做出

审查决定。核准登记的，发给营业执照；不予登记的，书面通知申请人。

（2）个体工商户使用全国统一的营业执照。个体工商户可以根据业务需要，向原登记的工商行政管理机关申领营业执照副本。

（3）个体工商户可以持营业执照异地经营，外出时必须向原登记的工商行政管理机关书面报告备案。

（4）工商行政管理机关应在每年3月底以前对核准登记的个体工商户的营业执照进行验照。

（5）个体工商户因故停业，应向原登记地或经营地的工商行政管理机关报告，暂时交回营业执照及其副本或临时营业执照，在停业期间不缴纳管理费。

（6）个体工商户遗失营业执照及其副本或临时营业执照，应向原登记或经营地的工商行政管理机关报告并登记挂失。

（7）营业执照及其副本和临时营业执照不得转借、出卖、出租、涂改、伪造。

（8）未经工商行政管理机关核准登记颁发营业执照擅自开业的，属非法经营，应予取缔，没收非法所得，可以并处5000元以下的罚款。

◆ 店铺营业执照办理后有哪些注意事项？

（1）个体工商户擅自改变主要登记项目的，要给予相应的处罚。

（2）对个体工商户逾期不办理验照手续且无正当理由的，工商行政管理机关应当收缴其营业执照及其副本。

（3）个体工商户应当把营业执照放到店铺显眼的位置，商品要明码标价。对个体工商户投机倒把和违反市场管理的行为，应按照市场管理和打击投机倒把的有关法律、法规和规章处理。

（4）个体工商户违反税务、卫生、交通、城建、公安等部门的规章，除了由有关部门按规定处理外，需要扣缴或吊销营业执照的，有关管理机关应及时提交工商行政管理机关处理。

（5）工商行政管理所可以依照规定以自己的名义对个体工商户的违法行为做出警告、罚款、没收非法所得的处罚。

（6）个体工商户领取营业执照、临时营业执照和换领营业执照，应当缴纳登记费；办理变更登记，应当缴纳变更登记费。

（7）异地经营的个体工商户，由经营地的工商行政管理机关收取管理费，原登记地的工商行政管理机关不再收取管理费。

（8）对个体工商户乱收费用的，应当由有关的单位和个人进行退赔。

（9）个体工商户对工商行政管理机关做出的违章处理不服时，可向上一级工商行政管理机关申请复议。

◆ 如何进行税务登记？

税务登记，也叫纳税登记。它是税务机关对纳税人的开业、变动、歇业以及生产经营范围变化实行法定登记的一项管理制度。凡经国家工商行政管理部门批准，从事生产、经营的公司等纳税人都必须自领营业执照之日起 30 日内，向税务机关申报办理税务登记。

从事生产、经营的公司等纳税人应在规定时间内，向税务机关提出申请办理税务登记的书面报告，如实填写税务登记表。

◆ 税务登记表包括哪些内容？

税务登记表的主要内容包括：

（1）企业或单位名称，法定代表人或业主姓名及其居民身份证、护照或其他合法入境证件号码。

（2）纳税人住所和经营地点。

（3）经济性质或经济类型、核算方式、机构情况隶属关系，其中核算方式一般有独立核算、联营核算和分支机构核算三种。

（4）生产经营范围与方式。

（5）注册资金、投资总额、开户银行及账号。

（6生产经营期限从业人数营业执照号及执照有效期限和发照日期。

（7）财务负责人、办税人员。

（8）总机构名称、地址、法定代表人、主要业务范围、财务负责人。

（9）其他有关事项。

◆ 填报税务登记表应携带哪些证件或材料？

根据税务登记管理办法的要求，店铺经营者作为纳税人在填报税务登记表时，应携带下列有关证件或资料：

（1）营业执照。

（2）有关合同、章程、项目建议书。

（3）银行账号证明。

（4）居民身份证、护照或其他合法入境证件。

（5）税务机关要求提供的其他有关证件和资料。

◆ 办理税务登记有哪些程序？

店铺经营者办理税务登记的程序是：先由经营者主动向所在地税务机关提出申请登记报告，并出示工商行政管理部门核发的工商营业执照和有关证件，领取统一印刷的税务登记表，如实填写有关内容。税务登记表一式三份，一份由公司等法人留存，两份报所在地税务机关。税务机关对公司等纳税人的申请登记报告、税务登记表、工商营业执照及有关证件审核后予以登记，并发给税务登记证。

税务登记证是经营者向国家履行纳税义务的法律证明，经营者应妥善保管，并挂在经营场所明显易见处，亮证经营。税务登记只限企业经营者自用，不得涂改、转借或转让，如果发生意外毁损或丢失，应及时向原核发税务机关报告，申请发新证，经税务机关核实情况后，给予补发。

二、店铺经营前的投资预算

◆ 怎样编制店铺的资金预算？

一般来说店铺的资金预算主要包括以下几方面：

（1）店铺正常经营时一共需要多少资金？这些资金分别用到哪些方面？

（2）店铺经营者自己可运用的资金有多少？

（3）开店总费用减去自己的资金，不足额为多少？

（4）不足额的部分，怎么筹集到？是否有借贷来源？

（5）自己是否有能力按规定还债？

一个详细准确的资金预算是准备开店资金的重要步骤之一，有了它经营者就可以对资金来源和去向做到心中有数，从而更好地对店铺实施管理。

◆ 怎样减少店铺的人员投资？

由于店铺经营的利润有限，人员应尽量精简，少雇人员，否则会增加店铺的支出，无形中也增加了店铺经营的成本。因此一些店铺在开业初期，老板经常身兼数职，从招呼客人，到进货卖货，从商品陈列到清洁打扫等，样样都自己一人动手。但一些特殊行业的店铺，在开业初期老板一个人无论怎样也应付不过来,像餐饮店、美发店等。那么,老板怎样雇人、怎样充分利用每个人,就是非常重要的事情了。即使随着店铺规模的增大,人员也相应增多了,也要尽可能做到人尽其才,让每个店员最大限度地发挥其特长和作用,这便是有效降低店铺投资的重要方法之一。

◆ **经营店铺需要哪些投资?**

店铺经营之前,必须筹集一定数量的开店准备资金,作为实现店铺经营范围的经济基础。对于作为个人独资开办的店铺,虽然我国法律还没有对其注册资金的数额做出一定的限制,但是相应的开店资金是店铺经营中最重要的步骤,同时也是店铺经营的第一步。

店铺经营所需要的资金主要包括存货投资、应收账款投资、固定资产、以及意外损失所需的资金。

(1)存货投资。是指店铺经营过程中商品在还没有售出时所占的资金量。

(2)应收账款投资。是指顾客欠的购货款。

(3)固定资产。这部分主要是指经营场所、租金、设备上的投入资金等所需要的,一般情况下可以根据市场价格估计出总的资金量。

(4)意外损失资金。在店铺计划资金来源时,一定会有意想不到的资金开支,为了应付这些意外的费用开支,新店需要留出一部分准备资金。一般这些准备资金占总资金的 15% 左右,不能太多也不能太少,多了则会使过多的资金被闲置起来,资金效率会下降;太少了同样会增加店铺的风险,当有意外产生的时候没有足够的资金应对,这样也不利于店铺的经营发展。

◆ **怎样计算店铺的固定设备投资?**

决定开店之后就需要估算开店时在固定设备上所需投入的资金数目。因为固定设备为店铺的正常经营提供了重要的条件:

(1)装修方面。在商店的装修设计方面,店主最先考虑的是店铺的定位及其主要吸引的顾客层次。根据这些条件考虑装修的费用和档次。

(2)冷、暖气方面。冷暖气对店铺的环境起到很重要的作用,温度的适宜不仅是销售商品所需的,同时也会给顾客带来不错的感觉,促使顾客在店内停留较长的时间,购买较多的商品。

（3）水电方面。最为复杂、工程品质要求最高的就是水电。在施工期间，从配线、拉管到装开关箱，从送电照明、给水与排水到消防安全，所有过程和材料的品质都严格要求，这样整个店铺才能达到安全、美观、实用的标准。

（4）货架。货架的功能是陈列商品，让消费者在店内很容易找到所需的商品。货架一般有单面架、双面架、背网挂钩等，要根据不同的商品选择合适的货架。

另外，还有一些项目，例如：贴地砖、拆除墙壁、装落地卷帘门窗等的费用也要计算在内。

◆ 怎样增加店铺初期的收入？

（1）节约店铺相关的营业费用。店铺创办者要对各项经营费用的节约引起重视，并且店铺创办者心中要有创业观，咬紧牙关，克服困难，勤俭节约，将每一分钱都用在刀刃上，尽可能地减少投入，增加收入。

（2）提高店铺单位面积的营业额。因为店铺的租金一般是按照面积的大小来计算的，因此店铺经营者要重视相应的单位面积的营业额，力求顾客购买数额的提高及交易次数的增加,提高营业场所单位面积的营业效率，从而相应地降低单位成本。

◆ 怎样利用自有资金？

既然开一个店铺需要一笔不小的开办经费和周转资金，那么这笔资金越充足越好，以免在开店初期因各种不可预测的原因造成周转不灵，落得前功尽弃。这笔资金可以是你多年辛苦积蓄或由亲朋好友凑集。你自己拥有的越多，你可能得到的也就越多，人们总是认为把 10 元钱借给一个拥有 10 元钱的人比借给一个只有 1 元钱的人来得更有保障。

如果你是一位工薪者，你积累的资金最好不要全部投入，以免小店破产让你蒙受巨大损失，甚至难以糊口。因此开店时不要盲目贪求规模，以免投资过大而生意又不景气。小店的收入较少，风险性也较小，你可以在开小店的过程中逐渐摸索经验和规律，为日后的发展做准备。小店最初赢利不大，但把生意做活了，日积月累，资金也会逐渐积累起来。

◆ 怎样利用合伙经营？

有时开设某一类店铺,前期投入资金较大,而自己又没有资金来周转,所以可以选择1~2个可靠的合伙人来共同经营便可解决资金方面的问题。但合伙经营往往易产生各种各样的纠纷,故选择合伙者应慎重。

因为店铺的主要人员创立者和出资者所关注的目标不一样,一般创立者希望扩大规模,而出资者则希望获得高的收益,在这种情况下就会产生相互牵制,最后影响店铺的经营发展。

因此,建议开店者在选择合伙人员时,要考虑每一个成员对店铺的发展前景看法是否一致,对于勉强加入的成员,要适时适地加以疏通,避免埋下失败的种子,出现目标不一致的情况。

◆ 怎样利用银行贷款？

有时店铺经营会遇到资金短缺的情况,这时候可以向银行贷款来获得资金,使店铺正常经营,由于银行是专门经营货币的特殊企业,它以一定的成本聚集了大量储户的巨额资金,然后把这些资金运用出去赚取利润。银行除一部分用于投资外,大部分都用于发放贷款。银行就像一个资金"蓄水池",随时准备向符合其条

享受国家优惠政策贷了款,咱这就创业去。

件的企业提供它们所需要的各种期限和数量的贷款。其贷款形式具体可以分为:

抵押贷款。即借款人向银行提供一定的财产作为信贷抵押的贷款方式。

信用贷款。即银行仅凭对借款人资格的信任而发放的贷款。借款人无需向银行提供抵押物。

担保贷款。即以担保人的信用为担保而发放的贷款。

贴现贷款。即借款人在急需资金时，以未到期的票据向银行申请贴现以便融通资金的一种贷款方式。

◆ **怎样申请银行贷款**？

（1）多跑几家银行。各家银行的资金状况是各不相同的，有的银行资金一时紧张，有的银行资金则可能一时相对宽裕。因此，贷款时如果多跑几家银行,往往能够获得圆满地解决,所谓"东边不亮西边亮"就是这个道理。

（2）选择适宜的借款时机。这样既有利于保证店铺所需资金及时到位，又便于银行调剂安排信贷资金，银行信贷规模是年初一次下达，分季安排使用,这是不允许擅自突破的。一般来说，贷款者要申请较大金额的贷款，不宜安排在年初、年末和每季季末，避免银行在信贷规模和信贷资金安排上的被动。因此，贷款者在借款时机的选择上应尽量与银行有关工作密切配合，并将用款安排意图告诉银行，以便银行安排与调度。

三、选择理想的店址

◆ **什么是商圈?**

商圈就是指店铺以其所在地点为中心,沿着一定的方向和距离扩展,那些优先选择到该店来消费的顾客所分布的地区范围,也就是店铺顾客所在的地理范围。

店铺的销售活动范围通常都有一定的地理界限。不同的店铺由于经营商品、交通因素、地理位置、经营规模等方面的不同,其商圈规模、商圈形态也会存在很大差别。即使是同一个店,在不同时间也可能会因为不同因素的影响,而引致商圈的变化,比如说原商圈内出现了竞争,商圈规模时大时小,商圈形态表现为各种不规则的多角形。为便于分析,通常是以商店设定地点为圆心,以周围一定距离为半径所划定的范围作为商圈设定考虑的因素。总之,商圈对店铺有十分重要的影响。

◆ **什么是商圈分析?**

所谓商圈分析,就是经营者对商圈的构成情况、特点、范围以及影响商圈规模变化的因素进行实地调查和分析,为选择店址、制定和调整经营方针和策略提供依据。商圈分析的作用体现在以下三个方面:

(1)它是进行合理选址的基础。在选择店址时,总是力求较大的目标市场,以吸引更多的目标顾客。这首先就需要店铺经营者明确商圈范围,了解商圈详细资料,由此可见商圈分析在这一过程中的重要性。

(2)它有助于制定竞争策略。尤其是在日趋激烈的市场竞争环境中,仅仅运用价格竞争手段显得太有限了。店铺为取得竞争优势,广泛采取非价格竞争手段,诸如改善形象、完善售后服务等。经营者通过商圈分析,根据顾客的要求,采取竞争性的经营策略,从而吸引顾客,成为竞争的赢家。

(3)它有助于制定市场开拓战略。一个店铺经营方针、策略的制定或调整,总要立足于商圈内各种环境因素的现状及其发展趋势,通过商圈分析,可以帮助经营者制定合适的市场开拓战略,不断延伸经营触角,扩大商圈范围,提高市场占有率。

◆ 怎样根据顾客划分商圈范围?

商圈分为中央商圈、次级商圈和周边商圈,中央商圈内包含了顾客总数的55%~70%。它也是最靠近店址的区域,在这一商圈中顾客比重最高,每个顾客的平均消费额也最高,这里很少同其他商圈重叠。次级商圈内通常包括顾客的15%~25%,这是位于外围的商圈,顾客较为分散。日用品对这一贸易区的顾客吸引力极少。周边商圈内包含其余部分的顾客,他们住得最分散,便利品吸引不了边缘区的顾客,选购品更为适合。

每一个店都有自己的商圈范围,通常将在这个范围中的顾客可能来自的群体分为三个部分:即居住人群、工作人群和流动人群。这些都是在店铺的选址之前要进行的首要工作。

◆ 如何利用行人评估商圈?

对开店者,商圈评估的一个重要途径就是利用行人。在开店时,对人流的估计还有助于店址的选择。

通常顾客和行人量成正比,但在同一个商圈,也存在较大不同。因为在数条人行路线中,与主要路线距离越远,行人量也会因而分散,而且差不多每相距100米,或是有岔路进来的地点,行人便会迅速减少,尤其是在宽敞的十字路口或车流量特大的地方。此外,开店者还要留意有什么自然条件让人易于靠一边走、是否与能吸引人群的设施相近、是否和通往某一目的地的马路相接等。同时我们还要检查目前的人流趋向是否稳定,是否在道路的某侧有吸引顾客的设施即将建设，与此同时人流量也会有所变化。

◆ **怎样了解商圈周围竞争者的情况**？

开店者在分析商圈、调查竞争店的时候，要彻底分析自己的店是与附近的店因商品内容功能相同、距离过近而互相牵制产生负面影响，还是彼此能通过互相合作来增加这个地区的吸引力。

对于竞争店，应该深入查访其营业面积、商品种类、员工人数及待客技巧等，通过比较发现自己的优缺点。

主要通过以下两种方法可以较为全面地了解竞争店的情况。

（1）通过大家的传闻或亲身访查来了解竞争店的实力。具体包括距离、资本、营业时间、员工人数、服务方式、营业面积、商品项目、单价等一系列资料。从顾客年龄、顾客所购商品判断顾客阶层和店铺形象，同时地点条件等也要充分考虑。

（2）每周均应到竞争店掌握竞争店的顾客数量、流向以及时段等，并由所掌握的购物人数计算其销售额，同时从陈列了解商品的数量价格质量、主要供货商等信息。

◆ **初次开店怎样设定商圈**？

对于初次开店者而言，由于缺乏商圈统计的基本资料，也就无所谓顾客信赖度。因此，需深入了解该地区人口集中的原因及流动的范围，以此作为基本资料来从事商圈的设定。例如要开办的店规模很大，其商圈并不一定像一般小型店是徒步商圈还要考虑到顾客会利用各种交通工具前来，所以要对店铺地区的人流加以观察，并配合有关的调查报告，对其购买动机予以分析，从而设定相对准确的商圈。

总之，初次开店者必须掌握一个成熟的商圈策略。商圈策略是一种积极开拓市场的动态销售策略，成功地运用商圈策略，可以打牢商店根基，提高商店形象，创造和推动顾客的特定需求，与顾客建立一种相互信赖的关系，把生意做到顾客心里，让他们心甘情愿地成为回头客，这才是店铺商圈战术的根本所在。

◈ 在确定商圈时要考虑哪些因素？

一个店在确定商圈时一般要考虑两个因素，即位置因素和商品因素。

（1）位置。即店铺所在地区的特征，例如店铺在商业繁华地带，交通方便，流动人口多，有大量的潜在顾客，因而商圈规模也就较大。而在交通偏僻地区的店铺顾客主要是分布在店铺附近的常住人口，其商圈规模一般较小，在这种情况下店铺经营者只有根据自己的实力创造出独特的经营特色，以此来吸引远方顾客，从而扩大自己的商圈。

（2）商品。即经营商品的种类、质量以及特色等，商品种类与商圈规模关系密切。一方面，某一顾客群总会表现出特定的消费特征，经营的商品只有投目标顾客所好，才能吸引潜在的顾客；另一方面，商圈规模大小与商品购买频率成反比例关系，即商圈规模越大商品的购买频率越小，反之，商圈规模越小购买频率越大。

◈ 初次开店怎么估计商圈范围？

对于初次开店者来说，最关心的是投资多少和投资回收期，这一定要经过推算才知道。同时商店的营业额的估算必须根据商圈的大小来进行，因此，一定要先定出商圈范围。

商圈会受到商品及服务员质量的影响，也受可回应客人提出的要求的影响。因此可以根据自己店里的情况划出范围，也可根据外部资料来描绘。如果顾客须历尽艰难才能到你的店里来，那么即使住得很近，这地方也不能划入你的商圈。相反地，如果你的店交通方便，附近又有专卖各具特色货品的店，那么，客人即使住在几十千米之外，心理上也不觉得远，就可以算在商圈内。

因为上下班或顺道而常从店门前经过的人，他很可能会买东西，所以该客人居住的地方也能列入商圈。而即使住在附近却从未光顾你的店，宁愿到远处去买东西，那么这个区域自然也就不包含在商圈内。

◈ 选择店址的重要性有哪些？

开店者需要对商圈进行分析，而其目的是选择适当的店址。适当的店址对商品销售有着举足轻重的影响，通常店址被视为商店的三个主要资源之一。店铺的特定开设地点决定了店铺顾客的多少，同时也就决定了店铺销售额的高低，从而反映店址作为一种资源价值的大小。店址选择的重要性体现在下面几个方面。

（1）投资数额较大且时期较长，关系着店铺的发展前途。店址不管是租借的还是购置的，一经确定，就需要大量的资金投入，营建店铺。当外部环境发生变化时，它不可以像人、财、物等经营要素可以作相应调整，只有深入调查，周密考虑，妥善规划，才能做出好的选择。

（2）是店铺经营目标和经营策略制定的重要依据。不同的地区在社会地理环境、人口交通状况、市政规划等方面都有别于其他地区的特征，它们分别制约着其所在地区店铺的顾客来源、特点和对经营的商品、价格、促销活动选择，所以经营者在确定经营目标和制定经营策略时，必须要考虑店址所在地区的特点，使得目标与策略都制定得比较现实。

（3）是影响店铺经济效益的一个重要因素。店址选择得当，就意味着在同行业商店之中在规模相当、商品构成、经营服务水平基本相同的情况下，则会有较大的优势。

（4）贯彻了便利顾客的原则。它首先以便利顾客为首要原则，从节省顾客时间、费用角度出发，最大限度满足顾客的需要，否则会失去顾客的信赖、支持，店铺也就失去存在的基础。当然，这里所说的便利顾客不能简单理解为店址接近顾客，还要考虑到大多数目标顾客的特点和购买习惯，为顾客提供广泛选择的机会，使其购买到最满意的商品。

◆ **受店址影响形成的商业群有哪些**？

绝大多数开店者都将店址选择在商业中心、要道和交通枢纽、居民住宅区附近，从而形成了以下类型的商业群：

（1）中央商业区。这是最主要的、最繁华的商业区，主要大街贯穿其间，云集着许多著名的百货商店以及各种大饭店等现代设施。

（2）交通要道和交通枢纽的商业街。它是次要的商业街。这是人流必经之处，在节假日、上下班时间人流量大，店址选择在此处大大方便了来往人流。

（3）居民区商业街和边沿区商业中心。居民区商业街的顾客，主要是附近居民，在这些地点设置商店是为方便附近居民就近购买日用百货、杂品等。边沿区商业中心往往坐落在火车站和汽车站附近，规模一般也都不是太大。

◆ 顾客对商品的需求类型有哪些？

就一个具体的店铺，在选择时应充分考虑顾客对不同商品的需求特点及购买规律，而顾客对商品的需求一般可分为三种类型，这里结合区域位置选择具体阐述如下：

（1）日常生活必需品。这类商品同质性大，价格较低，购买频繁，顾客购买时力求方便，希望时间、路程耗费尽可能少，所以，经营这类商品的店应最大限度地靠近顾客的居住地区。

（2）周期性需求商品。顾客定期购买该类商品，而且一般要经过广泛比较，因此，经营这类商品的商店通常设在商业较为发达的地区。

（3）耐用消费品及特殊性需求商品。耐用消费品多为顾客一次购买，长期使用，购买次数少。这种店的商圈范围要求更大，应设在客流更集中的中心商业区或专业性的商业街道，以吸引尽可能多的潜在顾客。

◆ 选择店址怎样考虑租金？

开店者应在充分考虑到各有关因素后，选择适当的地点。通常我们会考虑到租金与租约，对于开店者而言，房租往往是开店的一大负担。货品周转迅速、体积小、不占空间的商店，如精品店、服务店、餐厅等，可以设于高租金区；而家具店、旧货店等需要较大空间的店铺，最好设置在低租金区。对于初次开店者来说，最划算的方式是签订1年或者2年租约，以备有更新的选择。

◆ 选择店址怎样考虑交通因素？

（1）店址附近的交通状况。我们要考虑店址是否接近主要的公路，商品运到商店是否方便，交货是否方便等情况，这些因素在一定程度上也会影响店铺的正常经营。

（2）交通的细节问题。设在边沿区商业中心的商店要分析与商业区的距离和方向。通常距离越近，客流越多。开设地点还要考虑客流来去方向而定，如选在面向车站的位置，以下车的客流为主；选在邻近车站的位置，则以上车的客流为主。

我们还要分析市场交通管理状况所引起的利弊，比如单行线街道、禁止车辆通行的街道以及与人行横道距离较远等都会造成客流量的不足。

◆ **选择店址怎样考虑客流因素**？

客流量大小是一个店铺成功的关键因素，客流量包括现有客流量和潜在客流量，通常店址总是力图选在潜在客流最多、最集中的地点，以便于多数人就近购买商品，但我们仍应从多个角度仔细考虑具体情况。

（1）客流量类型。一般店铺客流量分为三种类型，即：自身的客流，是指那些专门为购买商品的来店顾客所形成的客流；分享客流，是指一家店从邻近商店形成的客流中获得的客流；派生客流，是指那些顺路进店的顾客所形成的客流，这些顾客只是随意来店购物。

（2）客流目的、速度和滞留时间。不同地区客流规模虽可能相同，但其目的、速度、滞留时间各不相同，要作具体分析，再作最佳地址选择。

（3）街道特点。选择店铺开设地点还要分析街道特点与客流规模的关系。十字路口客流集中，可见度高，是最佳开设地点；有些街道由于两端的交通条件不同或通向地区不同，客流主要来自街道的一端，表现为一端客流集中，纵深处逐渐减少的特征，这时候店址宜设在客流集中一端，而有些街道中间地段客流规模较大，相应中间地段的店就更能招揽潜在顾客。

◆ **选择店址怎样考虑竞争因素**？

周围的竞争情况对店铺经营的成败产生巨大影响，因此对店铺开设地点的选择必须要分析竞争形势。一般来说，在开设地点附近如果竞争对手众多，商店经营独具特色，将会吸引大量的客流，促进销售增长，否则与竞争店相邻而居,将无法打开销售局面。

尽管如此,店铺的地点还是应尽量选择在商店相对集中且有发展前景的地方,经营选购性商品的商店应特别关注这一点。而且当与周围的商店类型协调并存,形成相关商店群时,往往会对经营产生积极影响,如经营相互补充类商品的商店相邻而设,在方便顾客的基础上,都会扩大各自的销售,也就是有好处大家一起捞。

◆ 良好的店址具有哪些特征?

一个优秀的店址应当具备以下四个特征,一般至少要拥有两个,若是全部拥有那可就是黄金宝地了。

(1)商业活动频度高的地区。把店址设在商业活动频繁的地区营业额必然高。这样的店址就是"寸土寸金之地"。相反如果在客流量较小的地方设店,营业额就很难提高。

(2)人口密度高的地区。在人口集中的地方,人们有着各种各样的对于商品的大量需求如果店铺能够设在这样的地方致力于满足人们的需求,那肯定会生意兴隆,另外此处店铺收入通常也比较稳定。

(3)面向客流量多的街道。店铺处在客流量最多的街道上可以使多数人购物都较为方便。

(4)同类商店聚集的街区。对于那些经营选购品、耐用品的商店来说,若能集中在某一个地段或街区,则更能招揽顾客。从顾客的角度来看,店面众多表示货品齐全可比较参考选择也比较多是有心购物时的首先选择。所以,店铺经营者不需要害怕竞争,同业越多人气越旺,业绩就越好,因此店面会越来越多。

◆ 选址的大忌有哪些?

(1)高速车道边。随着城市建设发展,高速公路越来越多。但由于快速通车的要求,高速公路一般有隔离设施,两边无法穿越,公路旁也较少有停车设施。

(2)周围居民少或增长慢而商业网点已基本配齐的区域。因为在缺乏流动人口情况下,有限的固定消费总量不会因新开商店而增加。

(3)高层楼房。因为高层开店,不便顾客购买,同时高层开店一般广告效果较差,商品补给与提货都多有不便。

（4）近期有拆迁可能的地区。新店局面刚刚打开,就遭到拆迁,这会造成很大的投资损失。

◆ 在资金有限的情况下，怎样选择店址？

当创办者资金较少时,只要策略得当也可以选到合适的店面。一般来说,小额资金创业者的选店法则有四项:选自己居住的地区,选与自己经济上或人事上有关系的地区,选自己希望的区域,选预算范围内的适当地区。前两项选择是运用地缘关系,可以广泛利用既有人际关系拓展业务,打下创业基础;后两项则必须参照行业特点,考虑地段特性。在选定店铺地点前,必须针对当地情况做一定的调查分析,并根据调查结果确定营业内容、定价策略、营业时间等。如果一切都符合你的开店条件,那就快点行动吧!当然了,我们也要注意选择店面不可一味贪求房租低廉。开店的目的是赚钱,能够让你赚到钱的店面才是好店面。

◆ 什么情况下选择分租？

若你非常喜欢黄金地段,而又苦于资金不足时,分租店面的方式说不定能助你一臂之力呢。通常在车水马龙、人气汇集的热闹地段开店成功的机率较高。如餐饮店、服饰店、百货超市等行业,若设在车站、夜市、电影院附近,就至少占了七分地利。因为川流不息的人潮就是保证,有这么多潜在顾客,只要销售的商品或提供的服务能满足消费者需求,不怕没有好业绩。但是这类地带的店租往往极高,而且大多已经被人租占,创业者想取得一席之地并不容易。如果你选择的行业十分适合在热闹地带设店,偏偏又找不到店面,而正好你并不需要太大的空间,倒不妨采取分租店面方式,也就是目前盛行的"复合店面"。在你所中意的地段中找寻合适的伙伴,共用一个店面,不但可以节省房租,而且如果同一屋檐下的两种行业,顾客属性雷同且产品可以互补的话,可以收到相辅相成的效果,通常这类商店也不会拒绝分租。这些复合店的形式相当常见,例如花店与咖啡厅、饰品与服装店、陶制品与茶艺馆、冷饮与小吃等。

四、做好店铺的市场分析

◆ 怎样掌握**市场信息**？

对任何商家而言，细致认真的市场分析都是少不了的，因此，开拓者创办新店的第一步就是搞好市场分析，在自己的细分市场上大显身手。

首先要识别和了解自己和其他同业者通常会遇到的共同情况，即有关销售项目的总体市场性质和特征，然后就要深入地对照总体市场情况找出自身独有的特殊情况。利用好市场信息可以有助于自己合理开发和扩大做生意的门路及合理确定目标顾客和调整经营项目。

假如你是一个店的老板，究竟是吸引那些有兴趣买廉价货的顾客，还是吸引那些寻找高级商品享受的顾客？这时你必须依据自身的资金实力而定。如果你的店规模不大，资金实力并不雄厚，那就难以兼营两者，应从中择一为宜。确切地了解到类似这些特殊情况之后，也就可以根据这些目标顾客的需要，合理组织销售活动。

◆ 怎样发现**市场需求**？

随着社会经济的发展，社会分工也越来越细。人们越来越懒于自我服务，像刷墙壁，甚至汽车清洗、乔迁新居都请人代劳。于是一类赚懒人钱的行业如洗车、洗衣、物业清洗、搬家、居室装修等便应运而生，大赚其钱。

同时随着物质生活的丰富提高，生活富裕的人群逐渐增多。他们对生活和服务产品也提出越来越新的需求，于是，一些为"富人"服务的行业逐渐发展起来。如歌舞厅、精品屋、鲜花店、预约上门美容服务、宠物养殖业和宠物护理业等。

市场是个宝，全靠自己找。市场上的各类需求无奇不有，无所不包。开店赚钱，就在于你能不能发现这些潜在的需求，并将满意和愉悦及时奉送给他们。找出盲点，找出盲点中的盲点，需要敏锐的眼光和有创意的灵感。找出热点，热点中的热点，财富就会离你不远。

◆ 开一家什么样的店能赚钱？

一种需求一经创造出来又立即被细分。 至今，没有人能完全统计出世界上到底有多少种类型的店铺。每个店铺存在的理由就是它总能满足一部分人的需要，总有一部分人愿意花钱到店中去消费。顾客越多，店铺存在的理由就越充分。因此，不管你开的是哪种店，要赚钱，抓住顾客也就是你的全部主题。从顾客的需求入手，你可能会做出开家什么样的店铺的决定。

◆ 怎样瞄准"嘴巴"开店？

自从人类产生以来，吃饱肚子是生存的第一要素。俗话说"民以食为天"，吃饭这件事是人类本性，吃对于人们来说是第一位的大事。而且随着时代的发展和社会

① 宫保鸡丁　⑥ 铁板牛柳
② 热辣肥肠　⑦ 糖醋里脊
③ 鱼香肉丝　⑧ 红烧牛排
④ 水煮鱼　　⑨ 酸辣土豆丝
⑤ 日本豆腐　⑩ 醋溜白菜

得多雇人，太忙了。

的进步，人们对于吃的期望和要求也日益提高，已经逐渐从单纯的生理需要演变为更多的追求心理上的满足。这一变化使得瞄准嘴巴的赚钱法更加大行其道。瞄准嘴巴赚钱，你可以投资于餐饮业。

餐饮业，有着广阔而美好的前景。你可以开家小吃店：小吃店相比于

其他餐饮店来讲,具有投资少、操作简单、见效快的特点。小吃店一般请1～2个人便可,能放下七八张小桌就行,店铺适当装修,尽量给人以明亮整洁的感觉。小吃店的位置可设在车站、闹市区、居民区、商业中心、公园、学校附近,现在各地到处都在兴建小吃一条街或小吃城,这都是好的开店机会。因为小吃一条街或小吃城一般很快就会名声在外,是聚客的最佳营业场所。开小吃店切忌把各种风味小吃都聚在一起,应当重点推出1～2种风味小吃,你的小吃店特色突出了,顾客就会越来越多。

◆ 怎样经营面食店?

你可以开家面食店:作为一种普通、经济实惠的食品,面食在我国各地都很普及,仅风味特色不相同而已。经营面食的主要优点:一是投资不大。二是操作简单,不需要特别的技术,几乎人人都会做。三是面食价格比其他饭菜便宜,味道多样,适合不同口味的普通大众就餐,一般每天都能达到一定营业额就可以。但经营面食,一定要让顾客的周转速度快,尽量不要占用顾客太多的时间,关键之一就是不要让顾客在餐桌前空等,为此,开面馆一定要多准备几个大锅,和几个小锅,以便面条能尽快上桌。

◆ 怎样经营咖啡店?

你可以开家咖啡店:随着经济的不断发展,咖啡已摆脱奢侈品的形象,成为大众化的饮料,喝咖啡的风尚已为我国大众所接受,特别深受年轻人青睐。过去宽敞华丽、标价昂贵的咖啡厅逐渐被讲究个性与情调的小咖啡店所代替。咖啡店的位置最好选在商业区、宾馆及比较繁华商业的地带。咖啡店最讲究情调,因此营造最具特色的情调是经营咖啡店特别重要的环节。而情调的营造又往往通过装饰来反映。不同风格的装饰就会营造出不同情调,或浪漫,或温馨,或素雅,或幽远。装饰上可采取明朗活泼的色彩,也可采取柔和多变的色彩;或采取引人遐思的烛光烘托。在咖啡店四周墙壁上可贴一些世界名画或诸如海滩、日出等风光照。也可在店内摆放几盆盆景,使店内显得生动活泼又不失静感。还可播放一些舒缓轻柔的音乐。咖啡店除了卖咖啡之外,还应有茶、可乐、果汁、冰淇淋等饮料,并可适当准备一些三明治、汉堡及水果。

◆ **怎样瞄准女人开店？**

在商场流行一句话:女人的钱最好赚。的确,女人有许多区别于男人之处。女人天生爱美,往往不惜代价来打扮自己,或把钱花在美容美发上,或花在服装上,或者花在饰品上。女人也爱吃,吃一些小零食。到商场走一走,围绕女人开发的食品真是让人眼花缭乱。

不论天涯海角,女人总是市场的宠儿。因此如果你准备开店大干一番,那么,把思路对准女人这一消费阶层必定大有收获。

瞄准女人开店赚钱,你可以开一家时装店、女性内衣店、手提包店、饰品店、珠宝首饰店、巧克力店、甜食店等。

◆ **怎样勤于研究分析市场？**

要想及时了解市场变化情况,或者说对市场保持敏感的触觉,唯一的办法就是做好经常性的市场调查研究工作。市场分析的重要内容就是市场调查,只有通过市场调查,才能得到直接来自市场第一线的翔实资料。许多大公司通常设有专职部门负责进行此项工作,但小店铺通常难以仿效他们的做法。不过也可以采用其他途径和方法进行此项工作。如果运用得当,同样会收到良好的效果。这些途径和方法有:经常订阅相关行业的各种期刊杂志,参加行会或其他专业性的社会社团,也要密切注意你所在行业的各类营销业务的活动效果,察悉变化情况,查明造成销售衰退的原因。

◆ **店铺经营的调查对象包括哪些内容？**

店铺经营的调查对象包括消费者情况、竞争者情况以及商圈的基本状况等一系列与开店密切相关的方面。为准备开店所做的市场调查一般可分为两个阶段。第一阶段主要是针对开店的可能性做范围广泛的调查,最终作为开店意向决定参考之用,重点在于确定营业额和商店的规模,所以此阶段的内容应涵盖调查开店地区的市场特性,同时还要对该地区的大致情形有所了解。第二阶段主要是根据第一阶段的结果,对消费者生活方式做深入的研讨,作为决定商店具体营业方针的参考,重点在于商店具体的商品构成、定价及促销策略的确定,所以此阶段应该提供深入分析消费生活方式及确定商店风格等方面的基础资料。

◆ **怎样利用店铺调查的结果?**

开店之前,对于该地区内的各种条件,诸如商圈内的消费能力、竞争店的营业状况等,必须经由调查结果,进行研究分析,以作为开店时营业额预测及决定商店规模的参考。进而利用这些调查结果对商店整体的经营收益计划、设备资金计划、店铺经营管理的各方面作整体性的比较分析与修正,从而使开店决策的失误降低到最小。值得注意的是有两项内容我们不能忽视,首先对于此地区内过去以及现在的情况要了解外,对今后的发展也必须考虑到。其次,在用调查资料做比较分析时,同类似的商圈做比较,可以使得开店的决策更为准确。

◆ **店铺的市场调查有哪些重点?**

将人口结构、家庭结构、收入水平和消费水平等方面的内容作为调查重点,可以对开店的市场调查有所帮助,在具体实施时则可根据店铺的规模及市场定位,具体应用表现如下:

(1)人口结构。对目前人口数进行调查,同时将人口结构依据职业、教育程度、消费年龄等进行分类了解。

(2)家庭户数构成。可以通过家庭户数变动情形、家庭人数和成员状况了解人员变化趋势。

(3)收入水平。可以知道顾客购买力的大小,并与其他地区比较。

(4)消费水平。由此,我们可以了解每一个家庭的消费情形,并针对消费商品类别分别知道各种商品的支出额,为以后确定销售商品的种类做重要参考。

五、大有讲究的店铺设计

◆ **店铺设计要考虑哪些要素**？

　　店铺的门面就如人的脸面对于人的形象一样重要，是店铺形象的突出表现部分。店铺的设计要求应该在考虑经营商品和接待顾客特点的情况下，刻意求新，显示个性，力争让顾客产生好印象，也就是说既要有精神上的美感，又要在现实中符合顾客的要求。

　　在进行店铺门面设计之前应首先全面了解店铺销售的商品种类、规模、特点，使之尽量与店面外部形式相结合。同时还应了解周围环境、交通状况、建筑物风格，使店面造型与周围环境协调。设计构思上还应深入了解门面装饰的历史和流行风格，从而启发我们设计出形式新颖实用、结构合理的店铺门面。

◆ **店铺设计包括哪些方面**？

　　现代商店店面设计主要包括以下内容，即：立体造型、入口、照明、橱窗、招牌与文字、材质、装饰、绿化以及室外地面与规划等。

　　从设计上看，构成一个完整店铺门面设计的最终目标是：

　　（1）促使商品顺利获得利润。

　　（2）引导顾客方便出入，店铺设计适合商品的要求。

（3）提升店铺形象。

◆ 店铺外观有哪些因素组成？

店铺外观环境是顾客对店铺第一印象的关键，是店铺形象的重要组成部分。它是由店面、橱窗、店面广告、绿化等因素组成的。

尤其是绿化与商店能起到相互辉映的作用。现代商店的空间实体常常是简洁的，轮廓与造型是干净利落的，而绿化树木的造型则是千姿百态，高低疏密各不相同，这样就与建筑物形成强烈的对比，使商店与绿化相得益彰，也增加了商店建筑的艺术表现力。

◆ 店铺中绿化有什么作用？

绿化可以起到分隔空间、沟通空间、补充空间、环境导向的作用。

分隔空间，是指在商店中常用树木花卉来分隔空间，这种方法有时比隔墙、屏风的效果更好，而且比较灵活，同时还能美化环境。沟通空间是绿化的又一作用，它能把室内外空间联系起来，相互沟通。绿化还能补充空间，商店一些角落如用绿化来补充，这样的方法是十分巧妙的，它可以打破角落的生硬感，使商店环境生机盎然。绿化在商店中还可以起到标志与导向作用，例如在商店入口处或者出口处设置盆花或盆栽，这样可以提示人们的走向。

◆ 店铺外观有哪些类型？

店铺外观根据经营商品特点和开放程度的不同，可以分为三种类型：

（1）封闭型。这种类型的店铺面向大街的一面用橱窗或者有色玻璃遮蔽起来，入口尽可能小些。采用这种形式多是一些经营高档商品，如珠宝、影像设备的店铺。它突出了经营贵重商品的特点，设计别致，用料精细、豪华，使进店的顾客具有与众不同的优越感，觉得在这样的商店买东西很自豪。由于这类商店的接待对象为少数有钱人，所以橱窗设备等不必太突出，要让路过的顾客难以看到店铺内部，从而提供了一个优雅、安静的购物氛围。

（2）半封闭型。店铺入口适中，玻璃明亮，使顾客能看清店内，从而被引入店内。经营化妆品、服装等中高档商品的店铺多采用此形式，顾客预先都有购买商品的计划，当看到橱窗陈列时，便会径直走入店内进行选购。

由此可见，这种店铺外观的吸引力是至关重要的。

（3）开放型。正对大街的一面全部开放，没有橱窗，顾客随意出入没有任何障碍。出售食品、水果、蔬菜和小百货等低档日用品的商店多采用这一形式。

◆ 店铺招牌有哪些作用？

招牌是指用以展示店名的标记。一个优秀的招牌通常有以下几种作用：

（1）引导顾客。招牌标志着主要的服务项目或供应范围。如体育用品店铺、时装店铺等。

（2）反映经营特色与服务传统。如一些经营中药、书画、土特产的商店有着悠久的历史和良好的商业信誉。

（3）引起顾客兴趣。如采用各种装饰、名人题字的招牌等一些手段。

（4）加强记忆促进传播。一些新崛起的商店为顺应时尚，推陈出新，设计出朗朗上口且不易遗忘的招牌。

◆ 店铺怎样命名？

通常店铺除在材料、构图、造型、色彩以及形式上下功夫外，还应在以下几方面注意店铺的命名：

（1）易读、易记。这是对店铺名最根本的要求，店铺只有易读易记，才能高效地发挥它的识别功能和传播功能。

（2）促使顾客联想。是指店名要有一定的寓意，让顾客能从中得到愉快的联想。

（3）支持标志物。店铺标志物是指店中可识别到那无法用语言表达的部分，标志物是店铺经营者命名的重要目标，需要与店名联系起来考虑。

（4）室外声、光。结合店铺特点，在屋外设置音箱、灯箱等，但这些设施要牢固结实，防止强风吹落伤人，以免引起责任事故。

◆ 店铺橱窗有哪些作用？

橱窗是以商品为主体，通过背景衬托，进行商品介绍和宣传的综合性艺术形式。一个主题鲜明、风格独特的商店橱窗，如果能与店铺的整体风格结合在一起，是能够改善整体形象的。橱窗对顾客购买过程往往产生以下促进作用：

（1）激发购买兴趣。橱窗把精选经营的重要商品进行陈列，并根据顾客的兴趣和节气变化，把畅销品或新品摆在很显眼的位置，能给顾客一个经营项目的整体形象和新鲜亲切感。

（2）促进购买欲望。橱窗的装饰艺术、民族风格和时代气息，不但使顾客对商品有一个很好印象，还会引起他们对美好事物的想象进而促进购买欲望。

（3）增强购买信心。橱窗直接或间接地反映商品质量可靠和价格合理等。不但可以提高顾客选购商品的积极性，还可以增强信息，从而使顾客及早做出购买决策。

◆ 店铺橱窗有哪些类型？

橱窗通常有以下五种类型：

（1）综合式。它是一种将许多不相关的商品综合陈列在一个橱窗内，以组成一个完整的橱窗广告。这种橱窗陈列由于商品之间差异较大，设计时一定要谨慎，不要使之显得杂乱。综合式陈列方法主要有三种，即横向、纵向以及单元陈列。

（2）系统式。有的商店橱窗面积较大，可以按照商品的不同组合陈列在一个橱窗内。又可具体分为四种，即同质同类商品橱窗、同质不同类商品橱窗、同类不同质商品橱窗以及不同质不同类商品橱窗。

（3）专题式。它以一个广告专题为中心，围绕某一特定事情，组织不同类型的商品进行陈列，向顾客传送一个主题，如绿色食品陈列、保健品陈列等。它多以特定环境和特定事件为中心，把有关商品组合陈列在一个橱窗内。同时又可分为节日陈列、场景陈列等。

（4）特写式。它运用不同的艺术形式和处理方法，在一个橱窗内集中介绍某一店铺的产品。适用于新产品、特色商品的广告宣传，主要有单一商品陈列和商品模型特写陈列。

（5）季节性。它是一种根据季节变化把应季商品集中进行陈列的方法，满足了顾客应季购买的心理特点，有利于扩大销售。

◆ 建立橱窗应注意什么事项？

建立橱窗的第一步就是保证它有足够的光源，因此玻璃高度通常应在 2 米左右，宽度约在 1.5 米以上，深度为 0.5 米多一点，不过也要视街道宽窄而有所不同。

橱窗建立后就应注意防护工作了。通常应注意防日晒与防结冰两种设备的配置。防日晒设备是在一般临街的橱窗上设置遮蔽日光的帆布栅，为保证行人安全，它通常应高出 2 米以上，以免妨碍行人走路。防结冰是为了预防冬季橱窗结冰，妨碍顾客观看。

灯光设备也是橱窗设备的一个重要组成部分，一个良好的照明橱窗对于吸引顾客、广告宣传，常常会起到良好的效果。但要值得注意的是，如果橱窗里安装了日光灯，并且连遮蔽都没有，这样顾客所看见的不会是陈列商品，而是刺眼灯光，这就影响了顾客的注意力。

◆ 店铺建立橱窗需要什么设备？

橱窗还必须有一些陈列用具，使用陈列用具可使商品更加美观新颖。陈列用具的种类、功能、样式等都有区别。

（1）背幕。它又分固定背幕与活动背幕两种。固定背幕就是原来所设的背幕，一般橱窗都尽量利用这种原来所设的背幕特别是光线不足的商店。而活动背幕的存在形式是布景、图画、屏风等。

（2）人体模型、布架、衣架。这是用以陈列服装、帽子、布匹、大衣等服装，不宜用钉挂方式，布架、衣架一般用镀镍金属制成，也可用硬塑铸成。

（3）小型支架。这是陈列毛巾、袜子、领带、提包之类的用具，可用镀镍金属制成。

（4）托板。用以陈列食品、乐器、五金工具、玩具、日用化妆品、文具瓷器等的用具,可用玻璃、有机玻璃及木板制成。

◆ 怎样开展橱窗陈列工作?

橱窗陈列工作一般有以下五个步骤:

(1)构思。构思影响着橱窗陈列的全面效果。我们应该充分考虑与商品相联系的各个方面既要结合广告设计原则慎重加以考虑,又要善于想象,塑造一个比较好的主题。

(2)构图。这一步是整个橱窗陈列设计成熟的体现,是商品组合配置和安放艺术的表现手法。它是橱窗陈列工作的中心环节。我们对构图的要求是均衡和谐、层次鲜明、疏密有致,并可以形成一个统一的整体,从而给顾客以美感。

(3)陈列的准备。构图确定后,布置人员根据陈列图样预先准备陈列用具,然后再准备商品样本,制好价格标签、说明牌,美术人员则根据图样做好文字图画。

(4)具体布置。准备妥当后即可将橱窗玻璃、用具及商品擦拭干净,并依照图样按次序先后摆列,再放置每件商品的价格标签说明牌,然后布置背幕或图画。

(5)管理。橱窗建立后,应做好管理工作,每次更换要清扫一遍,以保持橱窗内的清洁。橱窗玻璃应经常擦洗,保持干净明亮。

◆ 怎样让橱窗更富艺术气息?

由于店铺要吸引某一特定的顾客群,因此,更要注重橱窗广告的设计。而让橱窗设计得更富艺术气息,突出店铺的与众不同,这无疑是吸引顾客的一条有效途径。 橱窗设计无非就是从有限的空间变幻出无限的效果,而这种变幻首先是空间的拓展,打破了传统的、一成不变的、封闭静态的三维空间。

如人们可以看到一种被称之为"开放式橱窗"的格局。这种橱窗辟出有一定纵深的展示空间,布置得简洁明快,晶莹亮丽,与传统橱窗不同的是,它将作为背景的那块挡板撤掉,于是橱窗空间的创意也就诞生了。从外面望进去,橱窗中的模特儿和店中的营业场景构成了一幅生动的画面,静中有动,动中有静。同时环保、自然、休闲也成为橱窗艺术的主题。

◆ **店内设计有哪些表达要素？**

一般来说店内设计的表达要素有色彩、灯光、音乐、背景等。据专家统计，人们所接受的外部信息中，85%来自视觉，因此，色彩对于营造购物环境的氛围具有举足轻重的作用。研究表明，对于冲动型和廉价型购买心理的消费者，暖色调（如红、黄）的环境具有很强的诱导作用；而冷色调（如蓝、绿）的环境适合于理智型的消费者，能促使其静心选购。商品展示的背景颜色也是一个值得考虑的因素，和谐的背景颜色往往对商品起到良好的衬托作用。如首饰，黑色面料的背景会使之更加醒目；而婴儿商品颜色一般与白色、粉色、黄色相同或相近，这些颜色宜作为婴儿商品的背景颜色，否则会使商品本身失色。

灯光照明可丰富商品的色彩与质感。暖色的光源投射在暖色调的商品上可增加其彩度，精巧的光束可增加商品背景的空间感。利用强光或弱光来表现商品的特征与风格，有助于吸引力的加强；而经灯光演变所产生的柔和感，再配合空间的实体感受，可增加商品的亲和力。总之，灯光照明在使商品的质量、档次、格调一览无遗的同时，通过光色的联想、背景的烘托、灯具的陪衬以及投光角度的恰到好处，还能创造出一种引人入胜的购物空间，达到促销的目的。

背景音乐研究表明：备有背景音乐的零售店，顾客的光顾率将增加15%；音响的强度过高时顾客于商店逗留的时间减少；同快节奏的音乐相比，舒缓的音乐将使商店的销售额平均增加30%。可见背景音乐对于商品的销售同样具有重要的作用。

总之，对店铺购物环境的内部表达要素进行合理组合，创造令人舒适的购物空间是店铺追求目标之一。

◆ **怎样设计店铺内灯光？**

灯光能够直接影响店堂内的气氛，走入照明效果好的店铺与光线暗淡的店铺，会有两种截然不同的心理感受：前者明快、轻松；后者压抑、低沉。灯光设计合适，不仅可以渲染商店的气氛，增强陈列效果，还可以提高雇员工作效率。

商店灯光照明可以分为基本照明和装饰照明。基本照明是指保持店堂内方便顾客选购商品的最低能见度。目前店铺多采用安装吊灯、吸顶灯等灯具,来创造一个整洁宁静、光线适宜的购物环境。能够采用自然光的店铺,白天可以不必使用灯光照明。有效地利用自然光,既可以展示商品的原貌,还能够节约能源。

装饰照明是店铺内外灯光系统的重要组成部分,装饰灯光的设计应与商店的整体形象协调一致。大型店的灯光讲究富丽堂皇,中小店则应以简洁明快作为灯光设计的标准。

营业厅堂的不同位置应该配置不同照明度的灯光,如纵深处照明度应高于门厅,这样可以吸引顾客的注意,提高购买的机会。广告灯箱与霓虹灯的设置应与实际相符,切勿滥用,从而流于庸俗。店铺经营人员还要选择适合于本店情况的照明设备,而后再看有关设备是否可以满足灯光需要。比如,珠宝首饰,特别是钻石,以及其他的宝石最好在高强度的聚光灯下陈列,而化妆品则应在天然照明下陈列。

◆ 怎样设计店铺内色彩?

色彩可以对人们的心情产生影响和冲击,从视觉上彩色比黑白色更能刺激视觉神经,因而更能引起媒体受众的注意。每逢节日各报报头套红,色彩夺目,使人顿觉眼前明亮,精神为之一振。彩色能把商品的色彩、质感、量感等表现得极近真实,因而也就增强了顾客对销售商品的信任感。

艺术家们认为红色、黄色、橙色是"暖色",这是在希望有温暖、热情、亲近这种感觉时使用的色彩。餐馆应该运用这些色彩,以便对顾客的心理产生影响,使他们感到温暖、亲切。蓝色、绿色和紫罗兰色被认为是"冷色",通常用来创造雅致、洁净的气氛。在光线比较暗淡的走廊、休息室,以及希望使人感到比较舒畅、比较明亮的其他场所,应用这些色彩效果最好。棕色和金黄色被认为是泥土类色调可以与任何色彩配合。这些色彩也可以给周围的环境传播温暖、热情的气氛。

通过不同商品各自独特倾向的色彩语言,顾客更易辨识商品和产生亲切感。商品的这种色彩的倾向性,可体现在商品本身、销售包装及其广告上。有经验的顾客,看广告的色调,即可知道宣传哪类商品了。

◆ 怎样设计店铺内音响?

音响可以为顾客创造轻松愉快的购物环境,解除顾客和店员的疲劳感,使顾客在乐曲欣赏中挑选商品，产生强烈的购物欲望。

音响的运用还应注意时间和音量。一般来说，音响应间断使用，并且应在营业较轻松的时间内运用音响，调节气氛。音响的音量不宜过大，应以隐约听到为宜。若在营业紧张期，音响音量太大，就会加大噪音，使顾客烦躁，也使店员工作效率下降。

◆ 如何选择店铺内气味？

店铺的气味对顾客也有着相当大的影响。根据商店的环境和商品特性，或放置散发各种香气的花草盆景，或人工制造的特别香味，无疑是对顾客嗅觉的良好刺激，使他们在购买活动中精神爽快，心情舒畅，这样会刺激顾客购买欲望。如同音乐使人精神放松一样，香味通常对人体生理有积极的影响。

◆ 怎样进行店铺内部装修？

店铺内装修主要指对商店内部的天花板、墙壁和地板的装潢，他们不仅仅构成商店内部的要素，而且也是购物环境的空间因素。它们彼此必须取得协调，追求整体的良好感觉和效果，缺一不可。

（1）天花板装修。天花板不仅用于把店铺内的房梁、管道和电线遮掩，还可以创造良好的购物环境。天花板的设计风格通常采用的是平面天花板，也可采用垂吊型和全面通风型天花板。店铺通常采用的木天棚一般为木板或胶合板，它可以是镶板，也可用木板组成蜂窝状顶棚。木天棚用于中小型商店的天棚装饰。而石膏板天棚，它可组合成各种图案，与灯具配合有较强的艺术表现力。

（2）墙壁装修。店铺内壁面设计装修总体要求坚固美观，其使用材质一般是灰水泥，再加上适当的墙壁装饰材料。对于以物美价廉为宗旨的店铺而言，壁面装修只要求简朴干净即可。这是因为店内壁面绝大多数为陈列货架所遮掩，相比高档店铺而言，商品陈列与壁面配合的效果要低得多。而对于高档店等则需要在墙面上下一定的工夫，从装饰材料到色彩都不能忽视。

店铺的墙面材料较多，如木质壁材、涂料、油漆、墙纸等。木质壁材可分为合成板、纤维板、木板，其中合成板富于自然色彩，表面质感较好，是高级墙面装修材料；涂料种类繁多，色彩丰富，表面形式也可自由选择；油漆是一种使用方便的墙面涂层，它有较好的防水性能；墙纸是贴在墙壁上的装饰材料，也是最常用的墙面材料，色彩、图案、质地极多，可随时根据需要改换。

（3）地面装修。地面是建筑中和顾客接触最多的地方，要注意其带给顾客的良好触觉。地面质材要能够承受住店铺内整个设备的重量，同时地面要易清洗，并保证顾客的安全。地面是空间的底面，由于它以水平面的形式出现，地面可采用不同的建筑材料，如瓷砖、石材、木板、塑料地板等，其中瓷砖是非常耐用的材料，而且它的色彩与花纹也很丰富。

总而言之，商店的空间装饰是商店顶面、墙面和地面的组合体，不但影响商店的气氛和格调，而且与电器设备和灯光有密切的关系。

◆ 店铺内布局有什么原则？

店铺内布局一般要根据店铺的类型，经营品种的多少，季节和业务发展变化等不同情况，进行合理的布置。同时它们的要求是：方便商品的搬运、保管；充分发挥各种设备的使用效能；能够提高服务效率；最大限度地便利顾客购物。设计应依据下面几个原则：

（1）明显地反映本店经营商品的特点。特别是靠店门一侧是顾客出入最频繁的地方，应把商品布置得琳琅满目、丰富多彩，使之可以启发顾客的需要，便于顾客的购买行为。

（2）便利顾客选购。经营者经常把销量大、大众化、价格低、绚丽多彩的商品布置在显眼的位置，应把花色品种复杂、需要细选的商品及贵重商品，设置在商店深处，把消费上有连带性的商品种类邻近设置，互相衔接，给顾客提供购买与选择商品的便利条件。

（3）适应商品特性。例如将需要鉴别色泽的商品，尽量选择在自然光线充足的地点。如需要当场试用商品，其出售商品部位应与服务地点邻接，便于顾客试用或安装。

（4）有足够的顾客活动空间。这包括实地表演和操作示范的空间，如服装、电脑、音响设备及其他家用电器的销售，经常要进行现场表演或者操作示范，因此要给顾客适当的空间。

（5）要能使顾客平均分散开来。经营者应根据商店规模和交易次数以及季节变化和业务规律，合理分配商品摆放位置，以便顾客进入商店后，能平均分散开来，避免忙闲不均现象。

当然，店铺的店内布局也并非固定不变，它通常要做适当的调整。要根据节日活动、经营范围和商品结构的调整而变化，常做常新，经常保持新颖动人，同时在调整中也应注意上述原则。

◆ **店铺内布局有哪些类型**？

店铺内布局有以下几种类型：

（1）沿墙式。即柜台、货架等设备沿墙布置，由于墙面大多为直线，所以柜架也成直线布置。这是基本的普遍的设计形式。采取这种布置方式，其售货柜台较长，能够陈列较多的商品，有利于减少店员，节省人力，便于店员互相协作，并有利于安全管理。

（2）岛屿式。即柜台以岛状分布，用柜台围成闭合式，中央设置货架，可布置成正方形、长方形、圆形、三角形等多种形式。这种形式一般用于出售体积较小的商品种类，它可以充分利用营业面积，在保证顾客流动占用面积的条件下，布置更多的售货工作现场，采取不同的岛屿形状装饰美化营业场所。岛屿式布置的柜台周边较长，陈列商品较多，便于顾客观赏、选购，顾客流动较灵活，视觉开阔。由于岛屿式售货现场与辅助业务场所隔离，不便于在营业时间内临时补充商品，同时存货面积有限，不能储备较多的备售商品，会增加续货补货的劳动量。

（3）斜角式。即是将柜台、货架等设备与营业场所的柱网成斜角布置。斜向布置能使室内视距拉长而造成更为深远效果，使室内既有变化又有明显的规律性，从而使营业场所获得良好的视觉效果。

（4）陈列式。即把工作现场敞开布置，形成一个商品展览陈列出售的营业场所，店员与顾客没有严格界限，在同一面积内活动。它利用不同造型的陈列设备，分类分组，随着客流走向和人流密度变化而灵活布置，使店铺内气氛活泼。它的特点是便于顾客参观选购商品，充分利用营业面积，疏散流量，也有利于提高服务质量，是一种比较先进的设计形式，也正为越来越多的店铺经营者所采用。

◆ **店铺采用的销售方式有哪些？**

营业场所的布置，应随着销售方式的改变而不同。目前店铺采用的销售方式有隔绝式和敞开式两种。

（1）隔绝式。即是用柜台将顾客与店员隔开，顾客不能进入销售的工作现场，商品必须通过店员转交顾客。它便于对商品的管理。但由于顾客不能直接接触商品，不便于广泛自然地参加选购，同时增加了劳动强度，一般适用于贵重商品、易亏损商品及技术构造复杂商品。

（2敞开式。即将商品放在售货现场的柜架上，允许顾客直接挑选商品，店员工作现场与顾客活动场地合为一体。这种销售方式迎合新的购物理念，顾客自行挑选，从而提高售货效率和服务质量。但采用这种售货形式要采取一些相应措施，加强商品管理和安全管理，店员应随时整理商品，保持陈列整齐。

◆ **店铺内购物环境设计有何原则？**

（1）充分展现本店个性。每个店都有自己鲜明的个性色彩，其购物环境应该也是该店个性色彩的集中表现。只有这样才能造成竞争优势。在店内购物环境设计中，必须根据本店经营的范围、档次、光顾本店的顾客类型和特点，充分体现本店的经营特色，使顾客一看本店的外观，就能产生较深刻的印象和进店的欲望；顾客一进店，就能感觉到特有的气氛和产生购买欲望，因此购物环境的设计必须着眼于增强对顾客的吸引力，突出本店特色，使自己与众多竞争对手有较大区别。

（2）以顾客为中心。购物环境的设计，必须坚持以顾客为中心，满足顾客的各种要求，这也是现代营销思想的核心所在。今天的顾客已经不再把逛商店作为一种纯粹购物行为，而是把它作为一种集购物、休息、消遣、娱乐和社会交往为一体的综合性活动，顾客在店内，同样要求优质的商品，方便快捷、舒适的购物环境，要求经营者要努力在购物环境设计、商品布局、购物点的设置等方面使其更加符合顾客的购物特点和规律。

（3）要有艺术性。购物环境作为顾客辨认商店的途径，在其布局上应有创意性，具有独特的面貌和出奇制胜的效果，宜于捕捉顾客的视觉，从而引起注意，产生强烈感染力。这就要求必须遵守艺术的规律，即让它美，美首先应是一种和谐。无论是高档商场的豪华，还是廉价商场的简朴，只要设计合理，均体现着不同的美。新奇美好的寓意、新颖别致的构思都要通过结构、造型、布局表现出来。

（4）注重经济性。要使本店内部环境设计科学，能够合理组织商品经营管理工作，使进、存、运、销各个环节紧密配合，使店员都能够充分发挥自己的潜能，节约劳动时间，降低劳动成本，提高工作效率，从而增加本店的经济效益和社会效益。

◆ **店内购物环境怎样设计**？

店内购物环境设计中，空间结构直接取决于功能。人们对现代商店的功能性要求越来越高。购物环境以建筑结构为限，根据经营的商品类型、数量，经营者的管理体系，消费心理、购物习惯，以及店铺的特定人流、物流方式等综合因素，运用各种空间划分手段进行平面布局。

在一般设计中，主要将各种因素统筹考虑后以量的形式再表现出来。如人流、物流的方向，通道走向、宽度，各类商品面积、销售区域等。由于店铺是进行商品销售的场所，创造出一种让顾客产生购买动机并付诸实施的气氛至关紧要。通过特殊设计可达到这些要求，它是现代购物环境设计的主要内容。

在这种设计中，针对不同商品，面对不同顾客，通过空间界、柱面的不同处理，利用造型不同的设备和设施对空间进行划分组合，可以创造出一个主题突出的销售空间。丰富而恰当的色彩编排，错落有致的空间划分，粗重轻柔不一的材质运用，从视觉、触觉空间感上综合构成一种氛围。这种氛围服从于视觉的统一设计,而氛围的出发点则是设计人员的立意。立意服从于商品的销售,因此可以说购物环境的特殊设计,就是把对整体环境的立意通过立体造型、空间设计表现出来。

◆ **店铺内环境设计有哪些艺术性?**

店铺环境的设计主要表现购物环境设计的时代性和流动性。店内环境设计有明显的时代特征,不同时代的特征会直接影响消费者的购物行为,作为促销目的的购物环境设计也不例外。在现代化店铺中,经常可以看到许多处运动中的物体或者形象,使本来固定静止的空间不停地改变,形成了动感景观,这也就是设计打破了店内环境静止不变的格局。

空间流动性的动态设计还体现在商品自然环境中。人在这个环境的设施间流动,从连续的各个视点观察看环境,造成一定的空间感。环境中的顾客赋予了这个空间的实在性。因此在设计中,必须考虑人行进时的视点变化。设计者在进行氛围设计中,要赋予每一个连续视点以丰富变化,让顾客在行进中,接连不断地接受信息刺激,在视觉上感受到时空变化。

◆ **店铺环境的意境设计是什么?**

在店内环境设计之初,设计者就应根据商店的经营理念、经营性质、建筑结构、环境条件、消费者的心理,通过意境设计将风格确立下来。意境设计贯穿整个设计过程,从平面布局到空间立意,从选材到造型,从采光照明到色彩运用,都要围绕意境体现风格。店内购物环境的意境设计,与该店的形象设计有直接的联系。确立购物环境设计风格的经营范围、经营目标、购物特色等因素,都属于该店形象设计中理念识别系统设计的内容。事实上,店内购物环境的设计是店铺的形象设计在购物环境中的具体形式表现。

◆ **店内顾客通道怎样设计?**

顾客通道的设计科学与否直接决定着店内顾客流动是否合理。通常对于顾客通道的要求是,在商店里售货场所之间的通道宽度最低在80 ~ 90厘米,因为通道要二人擦肩而过。关于店员的通道,在商品混杂的地方,特别是墙壁和柜台之间,店员也必须有40厘米的通道。如果通道能达到 50 厘米宽，那就更好了。

店内的空间布局复杂多样，各个经营者可根据自身实际进行选择和设计。一般的思路是先确定大体的板块，诸如营业员空间、顾客空间和商品空间各占多大比例，划分区域。而后进行更为具体的设计。

◆ 店铺内顾客通道有哪些形式？

顾客通道通常有以下几种形式：

（1）直线式。它是一种将货架与通道平行摆放并且顾客通道一般有同样宽度的通道形式。这种通道形式的优点是：布局规范，顾客易于寻找货位地点；通道根据顾客流量设计，宽度一致，能够充分利用场地面积；能够创造一种富有效率的气氛；易于采用标准化陈列货架，便于快速地结算。其缺点是容易造成一种冷淡的气氛，特别是在营业员目光观察之下，更加使顾客手足无措，限制了顾客自由游览，只好尽快离开。并且商店因视线所拘，商品易被盗。

（2）斜线式。这是一种与直线式布局相同的一种通道形式，其优点是：能使顾客随意浏览，气氛活跃，而且易使顾客看到更多商品，增加购买机会。而缺憾在于不能充分利用场地面积。

（3）自由流动式。这种顾客通道呈不规则路线分布，货位布局灵活。这种通道优点是使得气氛较为融洽，可促使顾客的冲动性购买，便于顾客自由浏览，不会产生急切感，而且顾客可以随意穿越在各个货架或者柜台。其缺点是：顾客难以寻找出口，易导致顾客在店内停留时间过长，不便分散客流，并且这种通道浪费场地面积，不便管理。

六、货架设计和商品陈列的技巧

◆ **商品陈列有哪些原则?**

　　店铺商品陈列是店面广告的一个重要形式,销售人员工作效率、服务质量等与商品的陈列也有相当密切的联系,因此,商品陈列在一定程度上决定着店铺的销售情况。店铺商品陈列应注意以下原则:

　　(1)显眼。所谓显眼即店铺为使最想卖的商品容易卖出,尽量将它设置于显眼的地点及高度,也可称为有效陈列。在进行显眼陈列时,必先考虑商品的购买频率,对于想要售出的商品,尽量选择能引人注目的场所陈列。即使在同样的场所,这些称为黄金线上的商品,在有效陈列范围中也要集中展示于最显眼的高度上。

　　(2)易选择和拿取。易选择就是店内的商品以客人容易选择方式陈列,除特别商品(手表、宝石等小型贵重商品)以外,都尽量陈列于易拿取的地方。因此,要考虑商品的关联性之后再进行分类陈列。各个店铺的规模、行业及方针的不同,也会导致分类的方法及场所的不同。首先应以大分类方式将商品分类,其次将它以制造商的分类方式来分类,最后则是以价格进行分类。像这样将商品明确地分类之后,再集合展示的陈列方法,不只带给顾客便利,对于店铺本身更提高了管理商品的效率。

　　(3)提高新鲜度。它就是使顾客感觉到商品的丰富性及活泼的陈列,任何人在选择喜爱的商品时，当然都喜欢从多种类、多数量中选择，以得到购物的满足感。但是，针对这点就将大量商品放在手边，反而会造成顾客反复选择，甚至会对商品造成污损。因此，即使是少量的商品，只要能好好运用陈列方法，也能使其感到很丰盛。店铺经营者应该熟练地运用辅助工具将商品立体地陈列起来，借助装饰物使商品生动化，这些方法都可以强调商品的新鲜度。

（4）提高价值。它指即使是同样的商品，在运用陈列方法之后，也可使顾客对其评价改变。所以在进行陈列之前，必须先考虑何为能表现最佳搭配的陈列方式。陈列设备及器具对其影响力很大，甚至也受陈列背景的颜色、材料、小型道具以及照明的表现效果所左右。特别是所谓搭配合宜的陈列，其商品的组合方式是，主要商品与直接有关的商品如何搭配。

（5）引人注目。它指将商品安置在专业场所中，会成为强调重点的陈列场所。那是与全面陈列不同的，它借助一些设备及用具，使得某个部分特别显眼，以招揽顾客来店浏览店内商品，这种店面被称为磁石店面也具有橱窗一样的作用。这种陈列方式，具有诉求力的主题是必要的，借着这种主题可有效地发挥其效果。引人注目的陈列方式，可因行业的不同及定位目标的不同而有所差异。

◆ 商品陈列的方法有哪些?

（1）主题陈列。它是给商品陈列设置一个主题的陈列方法，主题应经常变换，以适应季节或特殊事件的需要。它能使店铺创造独特的气氛，吸引顾客的注意力，进而销出商品。

（2）整体陈列。它是将整套商品完整地向顾客展示的陈列方法。比如将全身服饰作为一个整体，用

商品陈列法

主题陈列　整体陈列
整齐陈列　随机陈列
盘式陈列　定位陈列
关联陈列　比较陈列
分类陈列　岛式陈列

人体模型从头至尾完整地进行陈列。整体陈列形式能为顾客作整体设想，便于顾客的购买，故为顾客接受。

（3）整齐陈列。它按货架的尺寸，确定商品长、宽、高的数值，将商品

整齐地排列，从而突出了商品的量感，从而给顾客一种刺激，所以整齐陈列的商品通常是店铺想大量推销给顾客的商品，或因季节性因素顾客购买量大，购买频率高的商品等。运用整齐陈列法时，有时会有不易拿取的缺点，店员应根据意愿做出调整。

（4）随机陈列。它是将商品随机堆积的方法。它主要适用于陈列特价商品，它是为了给顾客一种特卖品即为便宜品的印象。采用随机陈列法所使用的陈列用具，一般是一种圆形或四角形的网状，另外还要带有表示特价销售的牌子。

（5）盘式陈列。它实际上是整齐陈列的变化，表现的也是商品的量感。但是将装商品的纸箱底部作盘状切开后留下来，然后以盘为单位堆积上去，这样可以加快商品陈列的速度，也在一定程度上提示顾客可以整箱购买，所以有些盘式陈列，只在上面一层作盘式陈列，而下面的则不打开包装箱整箱地陈列上去。

（6）定位陈列。它指某些商品一经确定了位置陈列后，一般不再作变动。需定位陈列的商品是顾客经常使用且知名度高的名牌商品，顾客购买这些商品频率高、购买量大，所以需要对这些商品给予固定的位置来陈列，以方便顾客，尤其是老顾客。

（7）关联陈列。它指将不同种类但相互补充的商品陈列在一起，运用商品之间的互补性，可以使顾客在购买某商品后，也顺便购买旁边的商品。它可以使得店铺的整体陈列多样化，也增加了顾客购买商品的概率。它的运用原则是商品须互补，首先要打破商品各类间的区别，表现顾客实际生活的需要。

（8）比较陈列。它指将相同商品，按不同规格和数量予以分类，然后陈列在一起。它的目的是促使顾客更多地购买商品。利用不同规格包装的商品之间的价格上的差异来刺激他们的购买欲望，促使其看中廉价而做出购买决策。

（9）分类陈列。它是根据商品质量、性能、特点和使用向顾客展示的陈列方法。它可以便利顾客在不同的花色、质量、价格之间比较挑选。

（10）岛式陈列。它是在店铺入口处，放置中部或者底部不设置中央陈列架，而配置特殊陈列用的展台。它可以使顾客从四周观看到陈列的商品。岛式陈列的用具较多，常用的有冰柜、平台或大型的网状货筐。岛式陈列的用具不能过分高,太高的话,就会影响整个店铺的空间视野,也会影响顾客从四个方向对岛式陈列的商品的透视度。

◆ **店铺的货架陈列有哪些需要注意的地方**？

做好一般的货架陈列,要注意几个要素,如陈列位、陈列面、产品库存、广告及维护等。特别要注意以下几点：

(1)商品陈列要在视线水平位置或中央位置或消费者常走的位置。

(2)要拥有最多的陈列面。

(3)同品牌或同类型或同规格的商品需集中,商品名要永远面对顾客。

(4)库存应该足够或随时补货。

(5)要容易拿取。

(6)先进先出,库存需注意。

(7)一定要使用价格标示,要有持续性和稳固性。

(8)要维持整齐和整洁或拿掉不良商品。

◆ **店铺货架陈列的方法有哪些**？

(1)厂牌垂直排列法：每一个厂牌都能分享到与视线等高的位置；创造货架上各位不同的特色；可以依商品包装大小做最有效的空间利用。

(2)厂牌水平排列法：只有一个厂牌能拥有与视线等高的位置,容易造成混乱的陈列面,不能依包装大小做适度的调整,容易造成空间的浪费。

(3)最理想的货架排列法：厂牌垂直排列+包装大小水平排列,货架上位置的大小,由商品的市场占有率高低来决定。以销售额为计算标准,则高价位的商品比低价位的商品占优势；以销售量为计算标准,则回转速率快的商品占优势。

◆ **商品陈列的标签需要注意什么**？

在货架陈列上配上标示卡效果会更好,要善于使用货架标示卡配合商品陈列,促进销售增加,不同标示卡的运用效果如下所示：

(1)广告信息标示卡：广告信息+品牌。

(2)产品识别标示卡：品牌+利益点。

(3)完整信息标示卡：品牌+利益点+价格。

（4）提示信息标示卡：如更省钱，特价品。

（5）降价信息标示卡：原价××，特价××。

◆ 特殊陈列有哪些注意事项？

特殊陈列，排除一般货架陈列外，另外在适当位置的陈列，如堆箱陈列、前端架陈列、试用品或者样品规格陈列等。

（1）堆箱陈列要点。①陈列位置要选择消费者最常走的路线；②应尽量将所堆的商品全面开箱，并将商品正面对着消费者；③如果面积够大，应陈列品牌的主要规格，维持大量库存，堆箱部分应保持满货的状态。

（2）货架陈列要点。①选择消费者最先经过的地段；②多品牌时，依水平陈列作业，单一品牌或多规格时可依垂直陈列方式作业；③尽量给主要规格较多排面；④横幅、挂旗、货架卡、价格卡，试用包吊牌、海报要充分利用；⑤要注意颜色上的排列，注意库存的翻转及货架的整齐清洁。

◆ 纸箱陈列的方法和特征有哪些？

纸箱陈列将进货用的纸箱按一定的深度进行裁剪，然后将商品放入其中陈列，可布置成直线、V形、U形等。

（1）适用此种陈列方法的商品：①广为人知，深受消费者欢迎的品牌商品；②预计可廉价大量销售的商品；③中、大型商品；④用裸露陈列的方式，陈列难以往高堆积的商品。

（2）陈列效果为：①价格低廉的形象易被传扬出去；②给顾客一种亲切感、易接近；③量感突出，节省陈列操作的人力、物力；④易补充、易撤收。

◆ 投入式陈列的方法和特征有哪些？

这种陈列方法仿佛给人一种将商品陈列筐中的感觉。

（1）运用此种陈列方法的商品：①一个一个进行陈列处理很费工夫的中小型商品且其品牌、质量价格已广为人知的商品；②嗜好性、简便性较高的商品；③低价格、低毛利的商品。

（2）陈列效果为：①不易变形、损伤的商品；②价格低廉的形象及其价格易被传扬出去；③即使陈列量较少也易给人留下深刻印象；④可成为整个卖场或某类商品销售区的焦点。

（3）特点为：①陈列时间短；②操作简单；③陈列位置易变更。

◆ 突出陈列的方法和特征有哪些？

突出陈列是超过通常的陈列线，面向通道突出陈列的方法。

（1）运用此种陈列方法的商品：①新产品、推销过程中的商品、廉价商品等希望特别引起顾客的注意，提高其回转率的商品；②冷藏商品应尽量避免选用此种陈列方法。

（2）陈列效果为：①商品的露出度提高；②突出商品的廉价性；③可实行单品批发。

◆ 翼形陈列的方法和特征有哪些？

翼形陈列是在陈列平台的两侧陈列关联商品的方法。

（1）适于此种陈列方法的商品：①主要通过平台进行销售的商品和相关联的商品；②通过特卖销售的少量剩余商品。

（2）陈列效果为：①促进相关商品的销售；②便于顾客选择购买。

◆ 阶梯式陈列的方法和特征有哪些？

阶梯式陈列是将箱装商品、罐装商品堆积成阶梯状（3层以上）的陈列方法。

（1）适用此种陈列方法的商品：箱装、罐装堆积起来也不会变形的商品。

（2）陈列效果为：①易产生感染力；②易使顾客产生一种既廉价又具有高级感的印象；③在陈列上节省工夫；④不仅可在货架端头，还可用在货架内部。

◆ 层叠堆积陈列的方法和特征有哪些？

层叠堆积陈列是将商品层叠堆积的陈列方法。

（1）适用此种陈列方法的商品：①罐装等可层叠堆积的筒状；②箱装商品；③中、大型，具有稳定感的商品。

（2）陈列效果为：①即使商品的陈列量不大，也给人一种量感；②可在保持安全感的同时将商品往高陈列；③可突出商品的廉价性及实用感。

◆ **瀑布式陈列的方法和特征有哪些**?

此种陈列方法给顾客一种仿佛瀑布流下的感觉。

（1）适用此种陈列方法的商品：①圆形细长的商品；②预计可单品大量销售的商品。

（2）陈列效果为：①易突出季节感、鲜度感，并使商品看上去给人一种新鲜感；②以裸露陈列为中心，易给顾客一种廉价感。

◆ **扩张陈列的方法和特征有哪些**?

扩张陈列是超出一般的陈列线，向前扩张的陈列方法。

（1）适用此种陈列方法的商品：①新产品、重点商品，特卖品等希望引起顾客特别注意的商品； ②小、中型商品；③希望加深顾客印象并为顾客提供可选择的商品。

（2）陈列效果为：①提高商品的注视度；②使陈列商品易被识别。

◆ **搬运容器陈列的方法和特征有哪些**?

搬运容器陈列是直接利用在商品配送上的容器进行陈列的方法。

（1）适用此种陈列方法的商品：①价格广为人知的商品；②直接用搬运容器陈列的商品；③预计商品回转率较高的商品。

（2）陈列效果为：①在陈列作业上节省人力、物力；②方便对商品种类的管理；③易突出廉价感。

◆ **线状陈列的方法和特征有哪些**?

线状陈列是将商品陈列成线形的陈列方法。

（1）适用此种陈列方法的商品：①罐装饮料等筒形长方形的商品；②小、中型商品；③质量轻的商品。

（2）陈列效果为：①突出所陈列商品的效果显著提高；②方便补充商品、修改陈列形状。

◆ **挂式陈列的方法和特征有哪些**?

挂式陈列是将小商品用挂钩吊挂起来的陈列方法。

（1）适用此种陈列方法的商品：①小、中型商品；②往常规货架上很难实施立体陈列的商品；③多尺寸、多颜色、多形状的商品。

（2）陈列效果为：①商品易被顾客找到；②比较容易购买；③方便修改陈列方式。

◆ **货车陈列的方法和特征有哪些**？

货车陈列是用带滑轮的货车进行陈列的方法。

（1）适用此种陈列方法的商品：①大、中型商品；②质量重的商品；③预计可单品大量销售的廉价商品；④具有稳定感的商品。

（2）陈列效果为：①可突出商品的廉价性；②属可动式陈列，可使陈列更加及时；③操作上节省人力、物力；④排列的位置可随意改变。

◆ **交叉堆积陈列的方法和特征有哪些**？

交叉堆积陈列是一层一层使商品相互交叉堆积的陈列方法。

（1）适用此种陈列方法的商品：①中、大型商品，放入箱、袋、托盘中的商品；②预计毛利低，回转率、销售额高的商品；③希望充分发挥展示效果的商品；④陈列量大的商品。

（2）陈列效果为：①商品的露出度高；②增加感染力；③具有稳定感。

◆ **空间陈列的特征和方法有哪些**？

空间陈列是利用展柜、货架上方等通常情况下不占用太多地方陈列商品的陈列方法。

（1）适用此种陈列方法的商品：①具有一定关联性的非冷藏型商品；②中小型，具有稳定感的商品；③能够提高店铺形象的商品。

（2）陈列效果为：①突出商品的效果可显著提高；②可提高店铺的整体形象；③提高顾客对货架、展柜靠近率；④易向顾客传达商品信息。

◆ 墙面陈列的方法和特征有哪些？

墙面陈列是用墙壁及墙壁状陈列台进行陈列的方法。

（1）适用此种陈列方法的商品：①葡萄酒等瓶装商品；②可吊挂陈列的商品；③中小型商品。

（2）陈列效果为：①可有效地突出商品；②商品的露出度提高，以此促进销售。

◆ 样品陈列的方法和特征有哪些？

样品陈列是让顾客观看、触摸的陈列方法。

（1）适用此种陈列方法的商品：①不易变味腐烂的商品；②颜色、形状、体积适宜被观看、触摸的商品；③通过陈列，商品的价格易宣传的商品。

（2）陈列效果为：①有效地突出商品；②鲜度、美感可直接通过视觉传达给顾客。

◆ 斜形陈列的方法和特征有哪些？

斜形陈列是将商品相对陈列台斜着陈列的方法。

（1）适用此种陈列方法的商品：①高额商品；②陈列量小的商品；③推销商品；④畅销商品；⑤达到最低陈列量以下并希望将其售完的商品。

（2）陈列效果为：①商品的注视率提高；②使商品的陈列量增大。

◆ 扇形陈列的方法和特征有哪些？

扇形陈列是接近半圆的陈列方法。

（1）适用此种陈列方法的商品：①平形商品；②陈列量较少的商品；③预计商品的回转率不会很高的商品；④希望主要通过陈列效果促进销售的商品。

（2）陈列效果为：①突出商品的高级感、鲜度感；②即使商品的陈列量不是很大，也会提高商品的存在感；③使顾客对商品的注视率提高。

◆ 箱形陈列的方法和特征有哪些？

箱形陈列是往陈列柜中摆成三角形、四角形的陈列方法。

（1）适用此种陈列方法的商品：①葡萄酒、果汁等瓶装商品；②小商品、在通常的货架中难以陈列的商品；③高价格、希望突出其高级感的商品。

（2）陈列效果为：①品种、数量管理方便；②易突出高级感。

◆ 在库陈列的方法和特征有哪些？

在库陈列是在卖场内设置库存的陈列方法。

（1）适用此种陈列方法的商品：①日常商品；②销量大、顾客经常买的商品。

（2）陈列效果为：①提高补充作业的效率；②容易确认库存情况。

◆ 货架卡有哪些用途？

货架卡就是装设在货架槽上的一张记录卡，它记录了架上商品的中文名称、商品代号、条形码、售价、最高订量、最低订量和厂商名称等资料。看到货架上的商品，都可以立即得到该商品的信息。其用途有以下几方面：

（1）订货方便。便利店在订货上，现在大多是使用中文订货，即在卖场查看缺货状况，然后将此中文名称抄在纸上，再到仓库翻阅商品目录，根据中文名称来比对，查出货号。

（2）补货方便。当货架空时，可立即根据货架卡来补货，随时保持多样少量的商品结构，不会将排面弄乱，也不至于同样的商品整排都是，造成空间的浪费。

（3）盘点方便。盘点是了解店铺盈亏最重要的工作，店主最关心的问题就是如何缩短盘点的时间。若是使用货架卡盘点，可节省一部分时间。

◆ 商品陈列有哪些注意事项？

（1）有效地运用隔板，以固定商品的位置，防止商品缺货而维持货架的整齐度。

（2）面朝外的立体陈列，可使顾客容易看到商品。

（3）标价牌的张贴位置应该一致，并且要防止其脱落。若有特价活动，应以特殊标价牌标示。

（4）商品的陈列应由小到大，由左而右，由浅而深，由上而下。

（5）货架应分段，具体陈列如下。①上层：陈列一些具代表性、有"感觉"的商品，例如分类中的知名商品；②黄金层：陈列一些有特色、高利润的商品；

③中层：陈列一些稳定性商品；④下层：陈列一些较重的商品，以及周转率高、体积也大的商品。

（6）集中焦点的陈列，利用照明、色彩和装饰，来制造氛围，集中顾客的视线。

（7）季节性商品的陈列。商品的陈列要随季节的变化而不断地变化。

◆ 怎样让店铺商品陈列更有效?

（1）计划及准备。好的计划及准备是成功的开始。要确定你需要的陈列器材及工具等，包括：陈列辅助物、大头针、笔、糨糊、订书机、剪子、铁钉、梯子、胶带、货架吊绳、旗帜、价格标贴等，并做好相应的计划与准备。

（2）熟悉陈列的辅助器材。要特别了解与熟悉自己的陈列辅助器材，如海报、货架吊绳、空的货箱、箱子、柜台陈列物品、悬挂物、样品、简册、传单说明书、标识标贴等。

（3）充分利用想象力做好陈列。尽量有效运用一切可用的空间，考虑有没有另外不同的方式来使用你的陈列辅助器材，使得陈列更突出；使用相关的器材，以强化你的陈列使它突出显眼；最后确定你的陈列与自己的产品定位是否相符。

◆ 店铺陈列的技巧有哪些?

以下技巧，可能会让你受益匪浅：

（1）不要让顾客不容易取到你的商品，这会影响顾客购买。

（2）不要让你的海报或陈列被其他东西掩盖住，这会让你失去销售机会。

（3）不要将不同类别的产品堆放在一起，那样会引起顾客的不愉快感受与联想，如洗衣粉跟食品放在一起，消费者心中会产生顾虑与不安全感。

（4）安置你的陈列使之可以从外面看得到，这样才会吸引顾客的注意力。

（5）在顾客还未到某种商品陈列处之前就知道其陈列位置。比如运用指示牌等，否则很可能让堆放的陈列失去意义。

（6）试试运用一些小的"指示／提醒"式的陈列，摆放少数的产品在柜台上。

（7）在接近收银台或就收银台的边墙安放一些商品陈列，顾客经过时或当他们等待被服务时即可看到。

（8）弱势品牌最好尽量陈列在第一品牌的旁边。

◆ 货架的陈列需要注意什么？

货架的陈列需要注意几个方面：上货架的产品，最好与市场占有率相符；最多的占同一类货物位置的70%。所有产品的陈列，应按照贡献率安排，一定要建立一个好的陈列计划。

为了确保你的陈列有效，最后应对你的商品陈列情况进行检验与评估，主要考虑以下因素：陈列是否位于热点？它是否真的在此店中占优势？这个陈列大小合适吗？是否有清楚、简单的销售信息？价格折扣是否突出、醒目易于阅读？产品是否易于拿取？陈列是否稳固？是否容易被迅速补货？所有陈列的产品是否干净且整洁？零售商是否同意在特定期间保持陈列？是否妥善运用陈列辅助器材等一系列的问题。

◆ 什么样的商品陈列最流行？

一件商品能否使顾客感到华丽、新颖和富有吸引力，其布置与陈列起着十分关键的作用。随着时间的推移，再新奇的商品也会慢慢地失去光彩。一个富有经验的销售商不仅仅展示商品的新奇，还应该让他的顾客能感知商品的内在价值。以下介绍的是一些流行的商品陈列技巧。

（1）陈列体现系列化。每一类商品都有其不同的特征。表现商品特征的一个有效方法，就是将同类商品按不同方式集中组合起来，构成较完美的几何图案。不同的商品系列还可用不同的底板作陪衬。

（2）展示突出重点。在同一类商品中也许有几件较有特色的商品，为了突出展示这些商品,梯形展台能较好地满足这方面的需要。梯形展台上分多层,陈列大小不同的盘子,背面用色彩相配的图案作底衬,并以配合聚光灯照明,起到非常鲜明的效果。

(3)紧抓顾客心理。在许多情况下,顾客最关心的并非是商品的价格,而是其内在的品质。如用大型图片展示一袋正在倒出的可可豆,这样的效果显然没有展示顾客品尝可可豆的情景来得好,因为顾客最关心的是可可豆的味道,而不是它的形状。因此在商品陈列之前首先应弄清楚顾客对该种产品已经了解多少,最想要知道的是什么。

(4)示范商品优越性。形象化地展示商品内在和外观的质量是营销工作的一项基本技能。某些商品如衣料等只需随意悬挂就可展示其外观的美,但如果让顾客对其有深刻的印象,则需通过其他方法如在悬挂的衣料上放置重物等。还有一些商品则要在实际工作状态中才可显示其优越性能,这种方法远比文字说明更加形象化。声控开关的展示,除了墙上的广告说明之外,展台上的家用电器可让顾客随意使用,让其切身体会家电商品的优越性能。

◆ 商品陈列营造怎样的氛围?

商品陈列直接关系到顾客的购买欲望,具体到经营实践中,商品陈列应营造怎样的氛围呢?

(1)丰满。顾客来到店里最关心的就是商品,所以一进门就会用目光投向柜台货架。这时候,如果柜台货架上商品琳琅满目,非常丰富,他的精神就会为之一振,产生较大热情。无形中他会产生一种下意识:这儿的商品这么多,一定有适合我买的。因而购物信心大增,购物兴趣高涨。相反,如果货架上商品稀稀拉拉,购物大厅空空荡荡,顾客就容易泄气,因此商品陈列也是一种广告。中国有一句经商谚语:货卖堆山。为什么要堆山?就是要通过商品的极大丰富、极大丰满招徕顾客、吸引顾客、刺激顾客的购买欲。这是我们老祖宗的经验之谈。

所以要把商品陈列看作是招徕顾客的一种方式。为了有效地招徕顾客、吸引顾客,商品摆放一定要丰满。当然,丰满不等于拥塞,不同类的商品对丰满有不同的要求,这是在实际中应该加以注意的。

(2)展示商品的美。丰满的商品吸引了顾客的目光,他不由自主地来到柜台前,这时他最想知道的是什么? 最想知道的是"这东西如何?"即商品的质量好不好,外观美不美,适不适合他穿,适不适合他用。因而,聪明的商家这时在商品陈列上总是充分地展示商品的美,包括内在美与外在美,这就是商品陈列的第二个基本要求。

所谓展示商品的外在美就是运用多种手段将柜台上商品的外在美予以强化,借此激发顾客的购买欲望。服装、珠宝及 K 金饰品类商品在展示外在美方面表现最突出,其陈列效果与销售的关系最密切。一件高档时装,如果把它放在衣架上,其高档次就显现不出来,顾客就可能看不上眼。如果把它穿在模特身上,用射灯照着,再配以其他的衬托、装饰,其高雅的款式、精细的做工,就很清楚地呈现在顾客面前,顾客就容易为之所动。又比如金银饰品,如果把它放在普通铝合金柜台内,灯光暗淡,对顾客购买欲的刺激就会大打折扣。如果把它放在高贵典雅的柜台内,再以高级天鹅绒作商品铺垫,柔和的灯光照着,使金光四射,熠熠生辉。这对顾客是一种什么刺激则不难想象。

(3)营造特有气氛。商品陈列的第三个基本要求是通过对商品别具匠心的组合排列,营造一种或温馨、或明快、或浪漫的特有气氛,消除顾客与商品的心理距离,使顾客对商品产生可亲、可近、可爱之感。柜台内的商品也有语言,通过别具匠心的陈列传达了一种无声的语言,它同样具有调动人的情绪、激发人的感情、催生人的欲望的作用。

◆ **怎样安排适合顾客的排列方法**?

一般而言,顾客自选式的店铺是利用商品陈列的方法促销而成为旺铺的。以前,某店的销售量不理想,尝试了各种各样的促销手段,花了大量的经费都未收到促销效果,店铺经营陷入困顿状态。

经过店主的仔细观察,发现在不同的时段,店铺外过路者的层次明显不同。上午的大多数过路客是出门购物的家庭主妇。由于该店附近有一家超市,那些主妇都是去超市购物。而下午的过路客中几乎没有家庭主妇,学生占多数,这些学生是附近的学生。到了傍晚,过路客人中,下班回家的出去工作的女性占了一半。

认真分析该店的不同时间段的销售额,发现傍晚至打烊的这一时间段的销售额占全天的销售额的七成以上。也就是说,在其他时间段,店铺处于开门休业的状态。该店认为，由于傍晚时间段的销售额已接近极限，如果增加销售量，必须在闲散的时间段上做文章，尽量利用好这段时间。随后店主决定在这一方面有所作为，意图在不同的时间采用不同的商品陈列方式，但根据时间段更换店堂内的所有陈列商品是不可行的。不过，可以更换从店外可以看见的正对店门的货架上的商品。这个位置上的陈列商品可以吸引过往行人的注意。该店设计了便于移动的带滑轮的衣架。该店以更换过路顾客可以看见的、店堂内的陈列商品的方式招揽了新顾客，增加了销售额。

当然，为了使顾客得到满足，我们还可以根据其他一些因素来选择合适的商品陈列方法，比如根据气温变化改变商品的陈列。一家时装店，经营者在初春时节根据气温的变化，改变商品的陈列。由于销售量受气候、气温的影响，所以根据气温的变化来变更商品的陈列方式，就可以收到意想不到的效果。如为陈列的女衬衫扣扣子、解扣子之类的举手之劳也无所谓费用，这一促销方式可谓无本万利。实践证明只要创意好，方法得当，即可收到良好的效果。从这个角度来说，商品陈列可真是"物美价廉"的促销手段了。

七、商品定价的学问

◆ 价格与需求有什么关系?

价格与需求存在着密切关系,定价要考虑这一因素。在正常情况下,需求和价格成反比,即价格越高,需求越低,反之亦然。但在某些情况下,需求和价格成正比。香水公司发现,提高香水价格,常使香水销量增加。因为顾客根据价格高低判断香水档次的高低。当然,如果定价过高,需求水平仍会下降。掌握顾客需求动态,需要熟悉顾客对价格的敏感性因素。

(1)产品越是独特,顾客对价格越不敏感。例如,人们常对疗效显著的保健用品不惜重金。

(2)顾客越是不了解替代品,对价格的敏感性越低。例如,上门推销的产品常是独一无二的,常给人以便宜的印象。

(3)如果顾客难以对替代品的质量进行比较,对价格就不敏感。

(4)商品价格在顾客收入中所占比重越小,他们对价格的敏感性越低。

(5)如果由别人承担购买费用,顾客的价格敏感性就低。公费吃喝人们不怎么重视菜单价格。

(6)顾客认为某种产品质量更优、声誉更好,对价格的敏感性越低。诸如名牌产品就是这种情况。

(7)越是急需的商品,价格敏感性越低。诸如病人对药品就是这种情况。

另外根据价格敏感性,可预测需求。第一种方法可假定竞争者价格不变,第二种方法是假定竞争者价格随着公司价格变化而改变,最后得出需求变化幅度和趋势。

◆ 商品定价要考虑哪些环境因素?

(1)同行的价格动向。也许表面上风平浪静,但竞争者可能随时在准备下一波的攻击。同行在办促销活动时,除非我们采用不同的促销策略,如同行用特卖,我们用抽奖,各自吸引不同阶层或不同需求的客户,因此同行在做特卖的时侯,最好亦适度跟进,才能使自己更具竞争力。

(2)季节变化的因素。在季节更替时,商品也随着改变。如夏季来临,冷饮上场;冬季来时,火锅供应。商品计划人员应了解季节的变化,并借此掌握消费者的需求。要注意的是,季节性商品的推出应把握好时机,如秋冬变化之际,第一波寒流来临时,适时推出火锅商品,必定会有不错的销售业绩,因为此时消费者的需求较高,如推出太晚,当消费者已被喂饱了,需求的频度已降低才来推出,销售的契机就已丧失。在季节更替时,初推出的商品,其售价应酌情降低,借以吸引消费者的注意。

(3)了解整体供需的状况。当供过于求时,价格政策只能以一般的价格销售;当需求大于供给时,可适度地调高售价。尤其生鲜果菜,常因季节更替或气候的变化而产生供需失调。至于其他的商品,因取代性高较难回到以往卖方垄断的市场。

◆ 如何选择定价方法?

零售常用的定价方法有下列几种:

(1)成本加成法。这是大多数零售业普遍采用的方法,简单实用,即依照商品进价成本加上一固定百分比为利润,计算取得。但实施成本加成法时须注意:①商店内的所有商品并非得依照同一比率来加成,要以该商品的需求弹性、流行性(季节性)、竞争状况等,设定不同的加成比率。②成本加成法要考虑负担的固定费用及变动费用。

(2)认知价值定价法。此法是以顾客心目中对商品的认知价值,作为定价的基础,运用此法定价较复杂,但却可摆脱受进价成本的限制。影响认知价值定价法的售价高低因素有:①商店的声誉; ②商店内硬件设施与气氛；③附加的服务。

（3）现行价格定价法。此法系依据目前市场主要竞争者的价格来决定售价，而不考虑商店本身的成本或利润目标。

◆ 什么是零头定价法？

当商场里的消费者花费 9.98 元买一只打火机时，他会很得意，认为只花了几块钱便买下了这只打火机。而如果让他用 10.02 元购买这只打火机时，他就会觉得是花了 10 多块钱买的。这种几分钱之差，却给消费者造成了一位数还是两位数价格的心理差别。因此，企业在为一些商品制定价格时，常常采取零头定价策略，即把商品的价格以零头结尾，如搽手霜 2.86 元，雪地靴 99.5 元，男式皮鞋 99 元等。

这种零头定价策略在刺激顾客购买欲望方面颇为灵验。在街头，我们经常可以听到小贩们高声吆喝："旅游鞋便宜啦，28 元一双，削价处理呢子大衣了，99 元一件！"诸如此类，别看这种雕虫小技，在市场上还很有号召力，很多人都极容易受其"便宜"的诱惑。

用零头定价，除了让人感觉商品便宜以外，还让人感到价格是经过精确计算而得来的。如前所述，搽手霜 2.86 元一瓶，顾客会想到，连几毛几分钱都算得仔仔细细，这价格一定是由成本再加利润得来，定价一定比较合理。

零头定价策略一般适用于中低档消费品，尤其是日用品。因为对于这类商品而言，消费者购买时，价格因素对购买决策的影响很大，很多顾客都追求价廉。因此，零头定价能促进其购买。但是，在国外，许多高档消费品、耐用品也采用零头定价，在我国内地，一般以 3、5、7、9 等奇数结尾，显得比偶数要便宜，但近几年以 6、8 结尾的零头定价也颇受欢迎。

◆ 什么是撇油定价法？

所谓撇油定价法，就是企业在新产品刚投入市场的初期，利用消费者求新、好奇的心理，把产品的价格定得远远高于成本，从高价格中获取高额利润，等到新产品被仿制，竞争者拥入市场时，企业已把大量的利润捞取到手，就如同把牛奶中的奶油撇到手一样。

撇油定价法一般适用于市场上从未出现过的创新产品，对未来需求和成本变化没多大把握的新产品。其好处是：

（1）新产品初上市，价格高、获利大，可在短期内迅速收回投资并赚得高额利润。

（2）高价格能刺激一部分顾客的求新心理，提高产品身价，达到开拓销售市场的目的。

（3）价格开始定得高一些，企业回旋余地较大，可据市场需要向下调整的价格也容易接受。

（4）高价格的新产品限制了需求量的迅速增长，避免企业供不应求，影响产品形象。

当然，采用这种定价法，也有一定风险。把新产品的价格定得很高，有时不利于打开市场，而且高价格高利润势必导致竞争的白热化，使价格定得很高，盈利减少。因此，在决定采用撇油定价法时，要分析掌握新产品的供求特点，权衡利弊，审慎选用。

◆ **怎样巧妙地调价？**

作为店主不妨可以试试以下几种方法：

（1）采用延缓报价法。当价格上涨已成为市场发展的一个趋势时，对某些生产周期长的产品，等产品完成或交货时再报价。

（2）采用自动调整法。即价格随市场而变动。

（3）采用分解定价法，即将服务或者零配件分出来单独作价。

（4）采用减少折扣法。

经济形势较好，产品供过于求时，店主可以采取定价策略来促进生产和销售以促进供求平衡。当然，商品调价幅度多大，应根据市场竞争状况、产品特点、商品成本等多种因素决定。一般情况下，商品调高价格的幅度应小一些。

八、店铺的商品管理

◆ **筹备商品的方针是什么?**

（1）特殊化、个性化。除了与以往传统零售商店或其他区域商店有着不同的商品定位外，面对竞争激烈的环境时更必须主动让顾客了解本店的特色，使顾客想要买某种商品时即马上想到这家店，产生一种不得不光临的心情。当然，这里所指的特殊化或个性化，并不是非得在店内摆设奇珍异品，重点是在创造本身的与众不同。

（2）单纯化、简易化。所有商业活动的共同行为指标就是单纯明快，筹备商品也是这样，如果在作业结构、流程、成本计算、商品陈列等方面，都能要求简洁迅速，就能有效率且确实地被执行，尤其一般店铺通常人员作业程序繁琐，更需要将商品定位及筹备作业简易化，让采购人员及现场执行人员易操作。

◆ **筹备商品的原则是什么?**

商品筹备的标准化作业，将会是店铺经营成绩的重要支柱。除此之外，若进一步将商品筹备分解为各项经营技巧时，则注意下列五项原则：①商品的价格；②商品的品质；③商品的数量；④商品的分类；⑤商品的陈列。

◆ **商品采购有哪些原则？**

（1）诚实守信。店铺在采购活动中要信守合同，诚实守信，保证合同的合法性、严肃性、有效性，更好地发挥经营合同在经营中的作用，树立良好形象，协调好店铺与各有关群体之间的相互关系，从而使得店铺购销展开较为顺利。

（2）以需定进。根据市场需求情况来决定进货，保证购进的商品适合顾客的需要，能够尽快地销售出去，它能够使店铺避免盲目的采购，促进商品的销售。

◆ **商品采购需要注意什么问题？**

为了促进店铺的经营发展，店铺必须力争以较少的资金占用、经营多而全的品种，加速商品周转，做活生意。当然，也并非越勤越好，它必须要考虑店铺的条件以及商品的特点、货源状态、进货方式等多种因素。

店铺经营人员为确保进货及时畅通，商品品种丰富多彩，必须重视货源渠道，建立固定的进货渠道和固定的购销业务关系是店铺经营中经常采用的办法，它有利于相互支持和信赖，由于彼此了解情况，易于符合进货要求，同时可以减少人员采购，节约费用。另一方面，店方保持固定进货渠道的同时，要注意开辟新的进货点，以保持进货渠道多样化，从而防止各种风险带来的损害，通常店铺的进货渠道主要有三种：从厂商处直接进货；从批发商处进货；代理或代销商品。

◆ **商品采购需要考虑什么因素？**

在商品日益丰富、货源比较充足的今天，店铺采购商品选择供货单位时，要考虑的因素有三条：一是所供商品品种、数量、花色、规格、质量情况；二是供货商的信誉情况，如生产是否正常、质量是否可靠、货价是否相称、合同履行情况等；三是供货者的条件，如路程的远近、交通运输工具、运输路线、运输费用等。总之，采购决策要以经济效益为标准，运用科学的决策分析方法，进行综合比较，进而在众多的供货商中找出最佳的一位，实现采购活动的效益最优。

◆ **商品采购如何组织和管理?**

我们已经知道,商品采购是店铺经营活动的关键。

店铺经营人员必须组织精干的采购人员,强调采购的计划性,坚持以需定进原则并加强对采购合同的管理、验收及在运输途中的管理。下面我们就对这六个方面分别论述:

(1)采购人员。称职的采购员应具备以下素质:一是有比较丰富的商品知识,熟悉商品的品种、规格、性能、用途、价格、质量;二是掌握市场信息,具有商业灵敏性和适应性;三是熟悉本店情况。对本店的营销方针与目标、经营性质与特点,以及在同行业的地位,营销策略等应当十分熟悉;四是头脑清醒,善于谈判,有较强的合同文书写作能力;五是了解消费需求动向及价格变化趋势。

(2)采购计划。店铺要根据商品流转计划的要求,定期编制进货计划或要货单。其编制必须建立在了解市场需要和商品货源情况的基础上,结合商品库存动态,分别提出具体品名、规格、花色、式样、质量、数量、厂家及进货日期、控制金额等详细资料，最后再定统一购货种类与数量。

（3）以需定进。加强进销结合并及时沟通商品产供情况是做好采购工作的关键。店铺经营店应当采取各种有效措施，规定必要的政策。

（4）采购合同。店铺必须加强采购合同的集中管理，必要时聘请法律顾问签订采购合同应符合合同法的规定，合同内容一般包括合同双方名称，商品的名称、规格、数量、价格、包装、交货日期和地点，商品运输方式，商品验收、结算办法，有效期限等。

（5）验收管理。商品验收也是加强商品管理的重要环节。有了它店铺可以防止财产损失，减少和消灭差错事故的发生，反之则往往会造成差错事故，招致店铺财产损失，还会导致质量低劣的商品流到顾客手中，损害其利益，败坏形象。所以店铺务必要把好商品验收这一关，使商品在质量、数量等方面均不发生差错。

（6）运输途中管理。商品采购活动中的运输途中管理也很重要，合理组织商品运输，可以缩短商品待运时间和在途时间，节约商品流通费用。降低物流过程中的损耗，加速商品周转，保证经营活动顺利进行和提高经济效益。

◆ 商品采购有哪些技巧？

在讲完了商品采购的原理与具体运作后，在这里我们试图介绍极其实用的商品采购技巧：

（1）掌握最新、最准确的信息。通常我们可以通过以下调查方法来获取市场的信息，即：可选择一批有代表性居民户，作为长期联系对象；制作工作手册，销售人员应有意识地把顾客对商品的反映意见记录下来，然后把这些意见系统整理，反映给有关部门；建立缺货登记簿，即对顾客需要，但没有的商品进行登记，并以此作为进货和要货的依据之一；设立顾客意见簿，经营者应勤于检查顾客意见簿，发现和抓住一些倾向性的问题，及时改进，从而不断提高管理水平，进而通过科学的市场预测方法来确定市场对于质量、品种、价格等方面的需求，从而采购适销对路的商品，避免库存积压造成损失，更好地提高经济效益。

（2）培养采购人员对市场行情的判断力。如比对手更早发现具有市场潜力的商品，或价廉物美的商品，这将是对公司利润的一大贡献。通常对市场有看穿商品潜力的眼光和判断力。优秀的采购人员必须兼具这两种能力。

（3）掌握现场实务经验。采购人员对业务运作也应有了解，如此一来，才不会采购到不合适的商品。因此采购人员要尽可能在短期内，积累足够的现场经验，以增加正确判断的机率。

（4）更多选几家供应商做比较。为了取得最合理的价格和优质的商品，我们可以请数家供应商先估价，以供我们比较，进而挑选适合我们的商品。

（5）不可透露采购预算。要让供应商摸不到自己的底细，否则供应商一定会开价预算相近的金额，这样就被动了，无法取得比我们预算更优越的条件。

（6）实现与供应商双赢。与供应商双赢的信念是非常重要的，假如凡事只顾及自己的店铺其他一概不管的做法，对供应商也持泛泛之交的关系。假如我们不提供给对方好处，反之也得不到应有的回馈。唯有贯彻双赢的信念，对于彼此的发展，才会有很大的帮助。

（7）与供应商保持良好默契。这是双赢信念的延伸，对于文化、行事习惯、交易条件等也都培养出默契而使得双方增加业务效率，减少不必要的精力、时间浪费。

（8）了解供应厂商。要运用供应商，首先必须先了解供应商，了解其特征之后，才依据其特色，看出其可在哪一方面对我们有所帮助。

◆ 控制采购成本的方法有哪些？

在这里店铺控制采购成本的方法可以借鉴一下工业企业。

（1）主导供应链管理。在工业企业中，利润同制造、供应过程中的物流和信息流的流动速度成正比。企业为了获取尽可能多的利润，都会想方设法加快物料和信息的流动，这样就必须依靠采购的力量、充分发挥供应商的作用，因为占成本80%以上的物料以及相关的信息都发生或来自于供应商。供应商提高其供应可靠性及灵活性、缩短交货周期、增加送货频率可以极大地改进工业企业的企划表现，如缩短生产总周期、提高生产效率、减少库存、加快资金周转、增强对市场需求的应变力等。

在整体供应链管理中，即时生产是缩短生产周期、降低成本和库存、同时又能以最快的交货速度满足顾客需求的最有效的做法，而供应商"即时供应"则是开展即时生产的主要内容。

（2）影响上游质量。一般企业都按质量控制的时间顺序将其划分为来货质量控制、过程质量控制及出货质量控制。由于产品中价值60%的部分是经过采购由供应商提供，毫无疑问产品"生命"的60%应在来货质量控制得到确保。也就是说，企业产品质量更多地应控制在供应商的质量管理过程中。这也是"上游质量控制"的体现。供应商上游质量控制得好，不仅可以为下游质量控制打好基础，同时可以降低质量成本，减少企业来货检验费（降低检验次数甚至免检）等。经验表明1／4到1／3的质量管理精力花在供应商的质量管理上（这里的供应商质量管理是指系统的供应商质量控制和改进，而不是指检验），那么企业自身的质量（生产过程质量及出货质量）水平至少可以提高50%以上。

◆ 什么是"商品定位"？

商品是提供开店者获利的主要来源，如何在竞争的市场中脱颖而出，有赖于合适的商品定位及适当的商品组合。首先必须确定商业区的顾客群，深入了解顾客变化趋势，适时予以调整，使消费者充分满足，进而产生忠诚顾客、达到销售的最后目的。店铺的商品定位可以通过店铺的种类和目标市场特性加以分析。

（1）店铺的种类。①批发或零售一次购足型。此种类型的商店一般是大卖场，以批发或零售方式让消费者能一次购足所需商品；②便利型。此种类型的店铺分布各地，为消费者提供经常购买的商品。

（2）目标市场的特性。开店者在创业之初，就必须做出明确的定位，确立经营类型，因为这两项影响该店铺日后的发展，必须针对不同的消费阶层加以考虑，如参考顾客的性别、年龄、职业、收入、消费者的特性（消费意识与生活类型）、商业区大小等，以此作为选择商品定位的因素。

◆ **什么是"商品组合"**？

店铺应依照自己的类型,制定适合的商品策略及商品组合,也需先了解商品组合,到底是要往深度还是要往广度组合,再依据分析结论来制定商品组合的各项技巧及条件。谈到商品组合时,应先对单位名称作一了解,包括业态、业种、部门、品种、商品线、单元、品目及单品。现分别叙述如下:

(1)业种。即传统的商业种类,普遍以主力商品的单一表现,如自行车零售业、运动用品零售业、餐厅、饭店业、皮鞋业等,这些被称为业种。

(2)业态。依照消费者活动的场所及商品组合形态,如超级市场、咖啡店、速食店等。

(3)部门。这是商品分类的最大框限,站在使用者立场的需要而加以区分,如服装可分为女士服饰、男士服饰、运动服等。

(4)品种。稍微详细的分类一般称之为品种,但此类并未与部门间有严格的区分,如衬衫、裙子、佩饰、袜子等都是指衣着部门。

(5)商品线。商品线是指部门或品种之中的某个价格范围,例如绅士服未满 500 元者,未满 1000 元者或 2000 元以上者。

(6)品目。就店铺经营而言,品目是商品管理上的最小的单位。

◆ **商品组合要考虑哪些因素**？

商品组合也要着重有利性与方便性的内容,因此必须考虑到的组合重点及评估尺度包括: ①消费量多; ②购买频度高; ③知名度高(但不费时); ④手续简单(不费事); ⑤同质性高; ⑥竞争性少; ⑦季节性强; ⑧商品演示效果佳; ⑨差异性大。

◆ **店铺的主力商品包括哪些**？

主力商品是指所完成销售量或销售金额在商场销售业绩占举足轻重地位的商品。百货商店主力商品的增加或减少,经营业绩的好坏直接影响商店经济效益的高低,决定着商店的命运。它的选择体现了店铺在市场中的定位以及整个店铺在人们心目中的定位。主力商品的构成一般可以考虑以下几类:

(1)易购的商品:在商品的设计上、格调上都要与店铺形象相吻合并且要予以重视。

（2）季节性商品：配合季节的需要，能够多销的商品。

（3）选购性商品：与竞争者相比较，易被选择的商品。

商店在经营主力商品之外，还得保留商店的特色，经营其他商品。这不仅可以弥补主力商品的不足，增加主力商品的销售，而且还可以从不同的方面树立商店的形象。

◆ 店铺的辅助商品包括哪些？

辅助商品是与主力商品具有相关性的商品，其特点是销售力方面比较好，其重点为：

（1）物美价廉的商品，在商品的设计上、格调上可不太重视，但对于顾客而言，却在价格上较为便宜，而且实用性高。

（2）常备的商品对于季节性方面可能不太敏感，但不论在业态或业种上，必须是与主要商品具有相关性而且容易被顾客接受的商品。

◆ 店铺的附属商品包括哪些？

它是辅助商品的一部分，对顾客而言，也是易于购买的目的性商品。其重点为：

（1）易接受的商品即展现在卖场中，只要顾客看到，就很容易接受，而且立即想买的商品。

（2）安定性商品指具有实用性，但在设计、格调、流行性上无直接关系的商品，即使卖不出去也不会成为不良的滞销品。

（3）常用的商品即日常所使用的商品，在顾客需要时可以立即指名购买的商品。

◆ 店铺的刺激商品包括哪些？

为了刺激顾客的购买欲望，可以在上述三类商品群中，选出重点商品，必要时挑出某些单品来，以主题系列的方式，在卖场显眼的地方大量地陈列出来，借以带动整体销售效果。其重点为：

（1）战略性商品即配合战略需要，用来吸引顾客，在短时间内以一定的目标数量来销售的商品。

（2）开发的商品为了考虑今后的大量销售，商店积极地加以开发并与厂商配合所选出的重点商品。

（3）特选的商品以特别组合的方式加以陈列，使其成为吸引消费者并调动消费者购买欲望的商品。

◆ 店铺的商品线是什么？

每一类商品就是一条商品线。如男装店里可能有西装、衬衫、领带和袜子等几条商品线。所谓深度就是指商品线中款式的多寡。如不同的颜色、尺寸、面料等便构成深度。所谓高度是指陈列商品的库存量。如今缩减库存量的趋势已越来越明显。商品群是依照商品观念所集合成的商品群体，它也是商场商品分类的重要依据。

每个商店的管理人员都不希望看到畅销商品断货，而滞销品却是堆积如山的现象。这种情况的确是一件令人烦恼的事情。然而很多经营者由于只知道各种商品的大致销售情况，对于滞销商品的挑选和淘汰却总是不好把握。大部分的经营者都知道商品的"黄金法则"（或 80 / 20 法则），即卖场里 80% 的商品的销售额只占总销售额的 20%，而 20% 的小部分商品的销售却占据总营业额的 80%。面对不断变化的商品，选择适合的商品线就显得格外重要。

◆ 优化商品结构对店铺有哪些好处？

一般来说有以下几点好处：

（1）节省陈列空间，可以提高门店的单位销售额。

（2）有助于商品的推陈出新。

（3）便于顾客对有效商品的购买，以便确保主力商品的销售份额。

（4）有助于协调门店与供应商的关系。

（5）提高商品之间的竞争。

（6）提高门店的商品周转率，降低滞销品的资金占压。

优化商品结构的前提是在完全有效利用了门店管理后采取的方法。以前就曾发生过这样的事情：商店对单位产出要求极高，觉得 80% 的辅助商品占有面积过大，于是删去了很多，以为可以不影响商店的整体销售，同时会提高单位面积的效益和主力商品的销售份额。结果是商店的货架陈列不丰满，品种单一，商店的整体销售下滑了很多。所以对于商品的结构调整首先是在商品品种极大丰富的前提下进行的筛选。

◆ 优化商品结构应该考虑哪些因素？

（1）商品销售排行榜。现在大部分商店的销售系统与库存系统是连接的，后台电脑系统都能够整理出商店的每天、每周、每月的商品销售排行榜。从中就可以看出每一种商品的销售情况，调查其商品滞销的原因，如果无法改变其滞销情况，就应予以撤柜处理。在处理这种情况时应注意：①对于新的商品，往往因其有一定的熟悉期和成长期，不要急于撤柜；②对于某些日常生活的必需品，虽然其销售额很低，但是由于此类商品的作用不是盈利，而是通过此类商品的销售来拉动店铺的主力商品的销售。如：针线、保险丝、蜡烛等商品。

（2）商品贡献率。单从商品排行榜来挑选商品是不够的，还应看商品的贡献率。销售额高、周转率快的商品，不一定毛利高，而周转率慢的商品未必就利润低。没有毛利的商品，销售额再高，这样的销售又有什么用？毕竟商店是要生存的，没有利润的商品短期内可以存在，但是不应长期占据货架。看商品贡献率的目的在于找出商品贡献率高的商品，并使之销售得更好。

（3）损耗排行榜。这一指标是不容忽视的。它将直接影响商品的贡献率。例如：日常商品的毛利虽然较高，但是由于其风险大，损耗多，可能会是赚的不够赔的。对于损耗大的商品一般是少订货，同时应由供货商承担一定的合理损耗，另外有些商品的损耗是因商品的外包装问题，这种情况，应当及时让供应商予以修改。

（4）周转率。商品的周转率也是优化商品结构的指标之一，谁都不希望某种商品积压流动资金，所以周转率低的商品不能滞压太多。

（5）新进商品的更新率。周期性的增加商品的品种，补充商店的新鲜血液，以稳定自己的固定顾客群体。商品的更新率一般应控制在10%以下，最好在5%左右，另外，新进商品的更新率也是考核采购人员的一项指标。需要导入的新商品应符合商店的商品定位，不应超出其固有的价格带，对于价格高而无销量、无利润的商品适当地予以淘汰。

（6）商品的陈列。在优化商品结构的同时，也应该优化商品陈列。例如：对于主力商品和高毛利商品的陈列面的考虑，适当地调整无效的商品陈列面。对于同一类商品的价格带陈列和摆放也是调整的对象之一。

（7）其他。随着一些特殊的节日的到来，也应对商品进行补充和调整。优化商品结构，有助于提高店铺的总体销售额。它是一项长期的管理工作，应当随着时间的变化而及时地变动，这样才会使自己立于不败之地。

◆ 商品分类的条件是什么？

商品分类的条件包括以下几个方面：

（1）在顾客选择方便的情况下。

（2）在顾客使用方便的情况下。

（3）轻易接受的表现方式，如分类用语。

（4）呈现容易看到的形式，如陈列面宽。

（5）美丽的商品陈列，如形状或色彩。

◆ 商品分类要达到什么样的效果？

（1）令顾客有商品齐备的丰富感及繁荣感。

（2）不必向店员询问也可轻松选购。

（3）增加购买的方便性。

（4）容易进行视觉的商品管理。

（5）商品分类可加强使用诉求，可节省推销或说明的时间。

上述各项商品分类的条件及效果标准，并非一蹴而就，而是经过不断地调整改进的，时常变更试验而得出具体的心得。另外要加以强调的是，分类并非简单的分开而已，而是对消费顾客层及商品管理下过苦心研究之后所进行的筛选或集中，以成为新的商品群，由此展现对顾客新的确认。

◆ 商品分类的次序是什么？

首要原则是先决定大分类、中分类及小分类，其次才进行修正与检讨。通常许多店铺也会配合需要，每年调整分类内容。不过，必须记住的是，无论分类如何变化，或每年进行多次以上的分类调整，都必须在原先设定的商品构成范围内实施，才不致偏离核心，也不会使分类的行动失去意义。

◆ 店铺导入新商品的资讯来源有哪些?

掌握市场资讯,特别是商品资讯,才能够掌握市场脉搏,导入适销的新商品,及时掌握商机。开店者必须细心及用心通过各种渠道获取新商品的资讯,获取途径有:

(1)供货厂商。供货厂商对市场信息关心的程度决不亚于连锁业者。从厂商处可获知消费者需求的趋势、厂商本身新商品推出计划及其他厂商的新商品计划等。

(2)店铺内销售人员。在每天的销售活动和顾客的接触中,销售人员可以或多或少地了解顾客所希望的商品倾向,感觉水平以工作经验为基础,可以对是否引进特定新商品有初步的概念。

(3)竞争者。通过实访竞争者的店铺及分析其促销手法,不仅可掌握竞争者的动态,还可以对市场的流行商品有深入的了解,以作为开发新商品的参考。

(4)专业报刊及消费网站。这些媒体对市场、商品信息常有深入的报道,也是一个不错的资讯来源。

◆ 店铺引进新商品要注意什么事项?

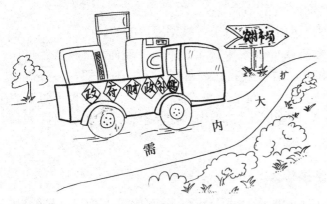

(1)经过上述途径掌握市场资讯后,大致可以判断某种新商品是否能被市场所接受。

(2)能在市场上存活甚至畅销的商品,并不一定就适合在本店内销售。此时必须经过更详尽的分析与销售规划,并进行试销及成果检验,方可确认新商品的引进是否成功。

举例而言,一个擅长出售小家电的店铺,其销售人员、运作卖场设计和营运策略均着重于出售小家电,因此在考虑导入某项大的家电时,就不能仅考虑商品的市场特性了，因此在开发新商品时应将店铺本身特性列入重要考虑因素。

（3）引进新商品时需考虑：店铺空间、陈列展示的安排、新商品推荐告知，库存掌握。销售时若需要专业技术则销售人员需要详细告知顾客如何操作。销售人员的完整思考与配合才能创造新商品好的销售成绩。

◆ 怎样做好采购商品的储存管理？

商品储存一般有三种情况：一是周转性商品储存，它可以保证商品销售连续不断地进行；二是季节性商品储存，这是店铺为了保证季节性销售的需要而进行的储存；三是专用性商品储存，这是店铺为了应付市场销售的特殊变化而储存的。在这三种情况中，最基本的储存是周转性商品的储存。

店铺要及时分析哪些商品是适销对路；哪些商品是超过储存的；哪些商品是滞销的；哪些商品是残次变质的。要按类、按品种经常掌握情况，从而根据不同情况采取不同的对策。掌握情况的方法可以是建立健全统计报表制度，或经常深入仓库实地察看，或询问或召开有关保管、业务人员座谈会，汇报反映库存情况。

◆ 影响商品储存量的主要因素有哪些？

采购的商品不可能全部陈列在营业场所，部分需暂时保管的商品是将各项分类整理，使管理起来比较方便，还要减少损失等，其原则是商品必须分类清楚，不要在指定的场所外放置商品，一般不要直接将商品放在地上，避免潮湿。

影响商品储存量的主要因素有：商品再生产的周期、商品物流量的大小、商品产销距离的远近、商品本身的特点以及店铺储存的物质技术条件。因此商品储存的合理时间必须以条件所能允许的时间为限度，尽最大的努力减少损耗，保证商品质量。

◆ 如何对存货进行有效控制？

存货对于每个店铺经营者来说，通常都会面临，但一直缺少规划控制的一环，店铺可以从商品周转期（商品从进货到卖出的时间）、商品订购前置时间（从订货到进货时间）来规划安全存量。以平均每日的销售量和订购前置时间，经过估算，便可以算出安全的存量，再视缺货情形和淡旺季做调整，这是店铺的简化计算过程。

此外店铺也可以从周转率来控制存货，以每月销售金额除以库存金额得到的周转率，会因商品的不同而有差异。一般来说，商品若毛利低、周转快，则需要较高的周转率，例如餐饮店就需要较高的周转率；而珠宝店或高级服饰店，因为商品毛利高、周转慢，所以周转率的标准比较低。有关商品的存量控制，只要遵守商品管理规则，再谨慎处理商品即可。仓库也和营业场所一样，不要太乱，要整理得有条不紊，以方便管理。同时店主要意识到，商品卖不出去就是损失，因此每天工作中要小心谨慎，同时要细心地做好商品的整理排列，提早对存货做处理。

在营业场所的销售人员要预计某商品某日会卖光，此时要事先选定别的商品递补，避免丧失时机；销售人员不可先认定商品卖不出去，要尽力推销它。总之经营者要做到：强化与厂商的关系，有理由时要极力地争取退货或交换，尽量减少库存，并能适时地追加商品。

◆ 怎样对商品进行盘点？

盘点就是要盘查账簿上所记载的仓库商品与实际商品之间数字是否吻合。若账簿上记载有10万元的货品，实际盘查后，说不定只有8万元，原因可能是失窃，也有可能是票据上的笔误，这些原因都是做了清点之后才能发现的，故尽可能不要一年做一次盘点，最好能每个月做盘点。销售的过程中，账面上的存货金额与实际的存货，往往会产生不一致的现象，通过盘点才能知道金额的差异，确定一定时期内商品销售数量，才能弄清盘缺的具体产品与数目，从而有可能使账本与实际商品一致。以时间为标准，我们可以把盘点分为定期盘点与临时盘点两种，前者包括年、季、月、日的商品盘点。临时盘点则在调价格、人员调动或发生其他变故时，对全部商品或一部分商品进行盘点，确定库存实际数额。

◆ 商品盘点要注意哪些问题？

（1）商品盘点也是有自己的程序，店铺经营者须认真把握。将盘点的目的和工作手续向店员好好说明。

（2）将逾期商品及损坏商品报告，请店主指示如何处理。将盘点作业设段落并将该段落执行情形报告店主，并听候指示以便继续作业。

（3）在执行盘点工作前，要控制入货量，千万不要使库存增大。对批发商所预订商品，批发商送来的货品都要事先确认，并且细分清楚。

（4）对顾客预订的商品、客户的订货品都要事先确认。尚在加工中或在检验中未完成的商品，应在事前把它记录列入"尚在加工未完工之商品"栏内。

（5）盘点单及盘点表等必要的东西要事先备齐，不要等到盘点之日才交给负责的人员。库存场所的整理、整顿要在盘点日之前就进行，同一商品原则上把它集中在一个地方。

（6）在盘点日之前把店面所需要商品做补充完毕。将破损品及污损品区分开，并注明其数量。数量的清点及盘点表记录，不要同一个人负责，也就是数量的清点、读数、书写记入分别由不同店员担任。

◆ 怎样做好商品数量管理？

"适当规模"是指顾客能够感觉到丰富的店铺面积或商场店铺商品内容。此时的衡量标准是"顾客"，而不是店铺或营业者。

如果是以科学上的意义来筹备商品，则不一定能够使顾客感觉到丰富的内容。就顾客而言，只会注意到自己所关心的商品是否齐备，而不关心的商品再多也没有用，甚至可能被不关心的商品所埋没，而看不见自己所喜爱的商品。此外，库存量过多时，也会有同样的反效果。因此必须做好商品数量管理。

陈列架上必须保持一定的最低（最小）陈列量，所谓最低陈列量是指在减少商品时，保持快要缺货的数量。因此，应以在最低陈列量以上来补充商品，才能保证销售的持续进行。也可以说，补充后的瞬间商品变成了最高陈列量，这就意味着本次的补充量是等于直到下次补充时的销售量。因此当决定补充商品时，必须预估至下次补充时期为止的销售量才行。反过来说，决定补充量的人，必须具有能够预测销售量的人来执行。然而决定这种补充的方法将产生另一个问题，如果采用定期补充制，每次的补充量会有所不同，但如果采用定量补充制时，则每次的补充时间又会变动。站在生产者的立场而言定量补充会比较方便但若是成本较高的终端流通点，则以定期补充较好。店铺若能将补货原则导入电脑管理系统,将有助于现场工作人员利用该系统的提醒向厂商要货,到货时将商品及时上架。

◆ 进货时商品损失的原因有哪些?

进货阶段,造成商品损失的主要原因有下列几种情况:

(1)进货发票与商品的实际数量有出入。用电话订货的时候,很容易发生进货发票记载的商品种类、数量与送货商品不一致的现象。

(2)特别是向批发商订货时,发生了品牌、大包装小包装等容量或重量的错误,以致价款与实际货物不符。

(3)没有检收或检收不够确切造成的商品损失。由于没有检验质量、数量,就拨入库存,等到要出货或商店的货源需要递补时,就直接从库中取出来卖,这时也可能发生短损、污损等商品。这种商品污损的原因,有可能在对方送货来之前,就已在卖方的仓库中堆放太久,由于检收不当,造成无法弥补的损失。

(4)进货记账上的商品损失。纵然进货发票记载无误,商品的检收正确,可是若把它转记入账簿时,由于记载的失误,也有可能造成商品的损失。

(5)仓储场所不良造成的商品损失。由于仓库等保管场所不良、温度管理不良所引起的商品损失也不少。特别值得注意的是光线的照射、水的侵蚀、虫害、变质、防火不良、破裂等,而造成货物腐坏的损失。同时由于堆积方式欠当,使得被压在下层的货物或商品损坏,而失去商品价值的情况也存在。

◆ 陈列商品损失的原因有哪些?

陈列阶段,造成商品损失的主要原因有下列几点:

(1)由于儿童的恶作剧所造成的商品损失。由于儿童的恶作剧所造成的商品损失的情况很多,例如水果店的水果被儿童拿去玩而摔坏、杂货店的瓶罐被丢破、小孩子在衣料品上沾墨水、把包装好的东西偷偷地打开或顺手牵羊。

(2)遭到诈骗或小偷偷窃所招致的商品损失。这种情况相信有很多商店或厂商都遭遇过。

(3)温度管理不良所引起的商品的损失。由于温度管理不良,使好端端的商品自损失的情况也不少,特别是开放型的冷冻库,由于风的强弱变化,而引起温度的上升,冷冻库的冷冻机失灵。

（4）陈列场所不良引起的商品损失。陈列场所不良所引起的商品损失情况很多,例如有些店面遭太阳晒,特别是食品店的食品,有的变质、变色,医药品店的药品,有变质变色、成分改变等情况。

◆ 进货时怎样减少商品损失?

进货阶段减少商品损失的方法有以下几种:

（1）进货的商品和进货的发票一定要核对清楚（特别是数量、单价、订货的单位等都要核对）。一定要做检查工作（与各项同时进行）。仓库应该随商品的不同,而有不同的设置,商品的种类多的时候,在货架上应把轻的东西和重的东西分别配置,重的东西放下面,轻的东西放上面。

（2）和进货发票有关的记账,一定要核对。

（3仓库中的通路要尽可能的留出来怕日光照射的商品在保存的时候,应该避免日光直射;怕潮湿的商品,应该避免受潮。

◆ 陈列过程中怎样减少商品损失?

（1）把商品陈列在小孩不易够到的地方。禁止猫狗等进入店内。

（2）一面吃着冰淇淋或巧克力进店的顾客,应该多加留意。

（3）为了防止盗窃、欺诈等行为,必要时可设置电防盗器、闭路电视或在商品上做暗号等。

（4）冷冻库或冷藏库的温度要多加注意。如果是开放型的冷冻库或冷藏库的话,其上面最好不要有风（空调设备的风、冷气机的风）通过,因为这样会使冷冻库或冷藏库的温度不稳定。不要把生的东西和加工品同时放在一个盒子里陈列,例如把猪肉和腊肉摆在一起是不当的。

◆ 销售过程中怎样减少商品损失?

店铺在销售阶段对于商品损失的早期发现和防止方法:

（1）避免卖错价钱,最好把价钱口述一遍。避免顾客弄错价钱,商品一定标价。

（2）避免计量上的错误,把重量数（秤上的刻度）念出来。 不要使用不实用的计量器。在商品上贴标签时，应该把商品的重量、价格核对一下。

假如能够在进货、陈列、销售的各阶段，做好上述的核对或注意事项，就能够在早期发现、防止商品损失方面，达到某个限度的绩效。不过，要做到使商品完全没有损失，似乎是非常难以办到的，虽然商品损失是难免的。但是，由于做各种努力而使商品损失率降低，却是可行的。

◆ 怎样处理污损商品？

污损商品，有时候可以减价抛售，不过，有一些像不新鲜的水果削价求售，就可能影响到商店的信誉，留给顾客不良的印象。

污损商品多多少少有一点商品价值，但能够不卖，还是以不卖为上策。这不仅是防止商店的印象遭到破坏，就良心上来讲，也是违反商业道德的。

倘若多少还保留有一些商品价值的商品要交易的话，最好要清楚地标明：商品瑕疵的部分、商品瑕疵部分的处理方法、加工方法、食用方法、清洗方法等，可能的话记下瑕疵的原因，生食的东西，应该注明能吃期限。

由于瑕疵，廉价出售，顾客虽有几分麻烦，但保证并不吃亏。有些商店用污损的商品，作为促销活动的赠品，但也应该考虑商品的信誉问题。

不过，如果事先标明，把污损品廉价售出或当赠品，顾客尽管感觉不是滋味，总比把污损品鱼目混珠，当好商品一样出售，让顾客有上当的感觉要好得多，前者是言明在先，无可怨言，后者让顾客吃闷亏，引起顾客气愤。污损商品多少还有几分商品价值，但最好不要卖到顾客手中，还是由店主、店员或亲朋好友处理解决较妥。

商品损失的发现、防止与处理，是商店经营者不能不留意的问题。处在能源短缺、生意维艰的今天，减少损失和争取利润，具有同等的意义，少损失1元钱，就像多赚了1元钱一样。

◆ 怎样处理滞销品？

零售店在经营过程中为了提高商店的营业额，常常盲目地追求商品组合丰富化，但是若处理不当，常会造成部分商品产生滞销现象，进而影响营运资金的周转，减少销售，妨碍卖场外观，连带降低商店的利益。所以滞销品的有效及时处理，对零售而言，实在是一项极为重要的课题。滞销品的淘汰方式分几个阶段来讨论：

（1）进货前。力求采购计划的周密与进货态度的谨慎，是杜绝滞销品的首要前提。采购人员和商品开发人员应扮演好把关者的角色，防止潜在滞销品上架。

（2）进货后。一旦决定商品导入商店后，相关人员应尽到"照顾"的责任，随时在意商品周转情形、库存状况，以尽早辨识出卖场中已成为滞销品的商品，这样才能及时处理，减少损失。

（3）善后处理。商品经评定为滞销品后应立即果断地处理，而不应置之不理。有关滞销品的处理，包括以下几个方面：①须确立一个基本观念，就是滞销品并非具有价值的商品，甚至不能称之为"商品"。因为这些滞销品即使摆在商场，还是无法提高销售效率；如果未能下定决心把这些滞销品尽快处理，反而抱着想"大赚一笔"或"务必捞回本钱"的想法，将会造成积压更多滞销品恶果的可能；②处理滞销品较有效的方法是当机立断，降价出售，减少可能的损失；③与原供货厂商洽谈换货（更换商品），也是一个不错的方式。

因此，整个滞销品处理的过程中，除了做好事前防治及诊断发现，一旦发现滞销品，尽快处理善后的工作更重要，这样才更有效地达到资金运用流畅、店铺空间美化、商品陈列丰富及保持商店形象等，并创造其他销售机会，提高营业利润，使商店更繁荣。

◆ **什么是"条形码技术"**？

条形码技术是在计算机的应用实践中产生和发展起来的一种自动识别技术。它是为实现对信息的自动扫描而设计的。它是实现快速、准确而可靠地采集数据的有效手段。条形码技术的应用解决了数据录入和数据采集的"瓶颈"问题，为物流管理提供了有力的技术支持。

因此，了解条形码技术在现代企业中的运用对店铺的物流管理很有好处。通过上面的介绍我们可以看出，条形码技术为我们提供了一种对商品进行标识和描述的方法，借助自动识别技术，可以提高店铺销售的效率，为顾客节省更多的时间，进而获得顾客的满意。

九、店铺的广告宣传策略

◆ 什么是店铺广告？

　　店铺广告即售点广告，指的是设置在购物场所周围、入口、内部以及有商品地方的广告。从形式上一般把店铺广告分为室内店铺广告和室外店铺广告两种。室内店铺广告，指经营场所内部的各种广告。在店铺里，此类广告处处可见，店内悬挂着各种印有品牌图案的彩旗、反映商业文化的各式横幅、身着时装的模特儿、旋转柜台里展示的各类商品实物，有线广播播放的介绍各种商品的信息，电视里反复播放的商品广告，厂家销售人员的现场演示操作等等。室外广告是相对室内店铺广告而言的，泛指商业经营场所门前附近所有的广告，如招牌、店面装潢、广告牌、橱窗设计、霓虹灯等。在繁华的商业闹市里，最能吸引消费者注意力的便是室外广告，因而店外广告在设计上更为注重突出经营场所的外部特征，具有鲜明、独特的个性，以引导和强化消费者的差别意识，诱发消费者的好奇心。

◆ 店铺广告有哪些作用？

　　店铺广告是店铺开展市场营销活动、赢得竞争优势的利器。具体表现在以下方面：

　　（1）店铺广告是不说话的销售高手。店铺广告内容会吸引原来未准备买的顾客,有时会让其感到该商品有价值而做出购买决策。

(2)广告是顾客购物的引导服务员。我们应将帮助顾客购物的宣传单、价格单、海报等配置于店内。这些广告激发顾客的购买冲动,常有的情况是顾客有时选定商品虽有疑虑,想要问店员却不好意思开口,店面广告会舒缓顾客心情,让顾客以自由自在的心情继续进行购物。

(3)提升店内的气氛,拉近顾客与店铺的距离。在店内附上广告卡,逗人发笑,或对商品作拟人的说明,让人感觉到店铺很活泼。

(4)唤起顾客的潜在意识。店主虽然可以利用报纸、广告、广播等媒体传达给顾客商店形象或产品特点,但当他们有可能将上述信息遗忘,而张贴、悬挂在销售地点的店面广告则可以提醒顾客,唤醒他们对产品的潜在意识,使他们做出购买决策。

◆ 店铺广告设计应该遵循什么原则?

成功的店面广告设计应该遵循以下三个原则:

(1)简练、醒目。店面广告要以简洁的风格、新颖的格调、协调的色彩突出自己的形象。

(2)重视陈列设计。店面广告的设计要注意商品陈列、商品悬挂以及货架的结构等,要加强和渲染购物场所的艺术气氛。

(3)强调现场效果。由于店面广告具有直销的特点,设计者要实地了解店铺的内部经营环境,研究经营商品的特色,以及设计出最能打动顾客的店面广告。

(4)能够配合季节促销。店面广告可以配合一些季节,开展促销。每逢春节,商家们总是将商店布置得富丽堂皇,到处流光溢彩,红灯笼衬托出热闹、欢快的节日气氛,大多数顾客可以引起联想到商店里买点东西。

◆ **为什么要有店铺广告**?

为了满足消费者购物的乐趣与享受,卖场的布置最好能够让消费者一目了然,通过广告得知商品的有关情报,将有助于进行自由选购,另外,广告可以刺激消费者的购买意愿.现代开店面的主要行销媒介是这种低成本、有效直接的广告。随着人们消费水平的不断提高,消费者可任意支配的收入大幅度增加,导致购买行为的随意性增强。由此不难看出,广告对随机性购买行为是可发挥很大作用的。

◆ **店铺广告有哪些种类**?

店面广告可以分为以下几种:

(1)悬挂式广告。从天花板梁柱上垂吊下来,易引起注意,而且从各个角度,都能看清楚。

(2)柜台式广告。柜台上的店面广告陈列,最能引起消费者的注意,最能产生购买效果。

(3)壁画广告。以海报、装饰旗为主,除具有商品告知功能外,亦能美化商店的壁画。

(4)落地式广告。放置在商店内、外的地板上,材料可使用纸、厚纸板、塑胶、金属等。

(5)吊旗广告。装饰在商店内、外,是短期内使用,最适合用在促销广告活动的高潮及塑造季节的气氛。以布、塑胶布为材料。

(6)光源广告。在广告内部放入荧光灯,利用其光源将商品的文字、图形照亮。

(7)价目表及展示卡。价目表上写明标价,展示卡上说明商品的特性。此种小型的卡片放置在商品旁或者橱窗内,或是直接与商品附着在一起,视觉效果最佳。

(8)贴纸。粘贴在商品壁面、橱窗玻璃、车辆玻璃上的小型印刷物。大多以平面印刷,并且小巧、不占空间、价格便宜、极具广告效果。

◆ 店铺广告的张贴需要注意什么？

（1）来自厂商广告。通常这一类的广告都是厂商自行设计好，然后业务人员送至店内悬挂或张贴的，可能是海报，也可能是冰箱贴纸，这一类的制作物通常都很明亮凸显店主通常也不会拒绝但有些广告是恒久性的，并非用来促销，这时店主就要注意其张贴是否会破坏店观，并且要事先约定好张贴期限，以免广告旧了，影响店铺的环境。

（2）来自店铺自制的广告。有些店铺因为新开业、周年庆或是举办促销活动，需要自己制作广告。若是连锁店，总部会统筹印制，但是若属于独立的店或者是自愿加盟性质的各个商店，欲制作广告时，可依以下几点来考虑：①设定目的：不同性质的广告有不同的考虑。在制作店面广告前首先应想清楚目的是什么，是价格卡还是货架卡，不同性质的广告，有不同的影响；②寻找可利用的资源：在确定要促销时，则要努力思索可应用的资源供货商是否可提供经费。若是连锁性的加盟店，可否向总部请求支援，请求总部设计指导广告的制作。③设计广告上的讯息：店铺里的顾客通常都是来去匆匆不会逗留太久。所以在广告的整个设计上，应力求简单直接。

◆ 店铺广告的张贴地点有哪些？

不论是厂商提供或自制的广告，其张贴地点都是相当重要的。广告常张贴的地点如下：

（1）柜台区。柜台区包括柜台后方、柜台桌、收银机上等是公认最佳的地点，因为所有的顾客一定要在柜台结账，这时会看见所张贴的广告。

（2）店外的橱窗。这是次佳的广告物张贴处。可以吸引来去匆匆的行人，停下脚步而进店购物，所以也是张贴的好地方。需要注意的是：广告绝不能胡乱张贴，而且要淘旧换新，以免时间一久，褪色的广告会破坏消费者对店铺的印象。

（3）天花板。配合年节气氛或大型促销活动布置。吊卡会凸显相当的效果及注意力。因此大型的吊卡也常被使用。

（4）冰箱上或货架上。这里的广告常用以介绍某特定商品的促销或是新产品上市，可以让消费者在找寻商品时多一份参考，也可以刺激消费者的购买欲望。

最后要提醒的是，切勿滥用广告，以免使消费者迷失在五花八门的广告中，反而无法将广告的信息传达出去。另外，考虑到消费者喜新厌旧的特性，要及时更换过期、旧面孔的广告。

◆ 店面广告如何摆设?

要想使广告达到理想的宣传效果，仅仅靠广告物品的自身设计的成功还不行，还必须依赖于将其科学合理地安置和摆放。常常有这样的情况，广告物品设计得非常新颖独特但摆放得不合理因而未能发挥应有的效果，甚至适得其反。所以店面广告的摆放是策划中一个很重要的问题，具体来说应注意以下几个方面：

(1)不要与商品离得太远。

(2)不能遮挡展示的商品。

(3)要与顾客的视线成直线。

(4)不能妨碍顾客触摸商品。

(5)不能用强力胶贴在商品上。

(6)不能直接画在商品上。

(7)考虑日后容易拆卸。

(8)广告用的文字和色泽必须统一。

◆ 什么是"媒体广告"?

一般来说媒体广告包括以下几种：

(1)报纸。报纸可分日报、周报等，是最常用的广告媒体之一，报纸是最受零售商欢迎的宣传工具。因为它有灵活性，寿命长，图文并茂，可与时评配合(把广告和专栏文章或评论编排在一起)等优点。

(2)广播。广播是零售商广泛利用的工具。具有准备时间短、接受方便，乘车和驾驶汽车的人也可听到；具有目标市场、目标受众明确，影响范围大的特点。

(3)电视。电视广告视觉信息效果好,市场广,有创造性,还可联播节目(可为长期广告户编排)的优点。

（4）杂志。其重要性日益增长，主要原因是全国性的零售商增多，地区刊物增加，以及邮购零售商多用杂志做广告。杂志广告的优点是适合于特定的市场，可与时评配合，单一信息影响久远，并且广告色彩鲜艳。

（5）小传单。小传单是一种重要的广告工具，尤其适于小型商店使用，单页广告可挨家挨户分发。其优点是成本低、灵活迅速、目标明确，缺点是废弃率高、纸张质量差。

◆ **影响媒体选择的因素有哪些**？

（1）影响度。影响度即广告吸引对象的程度以及通过什么方式所产生的影响。例如个性、观念、概念、色彩、规格、风格等方式所产生的影响。

（2）频率。频率指广告信息重复多少次才会促使广告对象采取购买行为。如果广告对象在较短时期需要多次重复提示、劝说，那么选用电视和报纸这两种媒介为好，而杂志就不太合适了。

（3）覆盖面。覆盖面即广告对象有多少。如果广告商品是大众性消费者，广告对象众多，则应考虑选用电视媒介；如果产品是有特定用途的工业品，客户的针对性较强，那么选用专业报纸比较适宜。

（4）持续时间。持续时间指广告活动需要持续多长时间。如果是要进行短期、强势的广告宣传，则电视为佳；如果情况相反，则可考虑刊物等媒介。

（5）广告受众的习惯。比如，人们多喜欢在早间、午间听广播和边做家务边听广播，这时就可以选用广播广告来介绍日用生活品和新商品信息。总之，人们利用媒体的习惯也会影响媒体选择。

（6）广告成本。选择何种媒体作广告宣传，也取决于店铺的广告费用和支付能力。一般来说，利用全国性大报、地方晚报和电视媒体，广告费用较高。这对全国范围的连锁店比较适宜。单店经营者，影响局限于一定区域，则宜选用当地的媒体，这样不仅成本低，而且有针对性。

◆ **选择媒体的方法有哪些**？

广告媒体选择的方法因店铺而异，这里介绍两种方法：

（1）水平支出法。采用这种方法选择媒体广告，每次广告活动所花费用都差不多。其广告传播信息的特点是只起提醒、注意的作用。这类产品广告大都属于人们经常要购买的生活必需品广告，还有一部分产品是：偶尔才要购买的（如头痛药、消暑药、电视机、洗衣机）。运用媒体做广告的方法是：人们可能在何时、何地付诸购买，就在何时和某特定范围利用媒体发布广告信息。用水平支出法选用媒体做广告大都采用橱窗、路牌、招贴、报纸和广播等广告媒体。

（2）先多后少法。这种选择运用媒体的方法，正如字面意思那样，先投入较多的广告媒体费用，租用或选定刊载广告的场地或版面，一个时期内大张旗鼓地开展广告攻势，等顾客都知道了便可以相应地减少广告的投入了。

十、店铺的促销方法

◆ **店铺促销有哪些方式?**

　　促销这个手段由来已久了,不同的商店有各自不同的促销策略,如果能审时度势,抓住机会,再加上一个好的创意,就能取得很好的效果。因此,店铺的促销策略应该在吸收零售商店一般的销售经验的基础上,结合特征突出店铺的特色。店铺的促销策略是一种长期的不间断的营销手段,能够直接提高店铺的销售额,而且容易聚集人气,提高店铺的影响。

　　(1)样品。样品是指免费提供给顾客或供其使用的商品。样品可以挨家挨户地送上门、邮寄发送、在商店内提供、附在其他商品上赠送。

　　(2)优惠券。优惠券是一纸证明:持有者用它来购买其特定商品时可少付钱。

　　(3)付现金折扣。付现金折扣与优惠券差不多,不同的只是减价发生在购买之后,而不是在零售店购买之时。

　　(4)特价包装。特价包装是指以低于正常商品的价格向顾客提供商品。这种价格通常在外包装的醒目位置予以标明。

　　(5)赠品。赠品是指以较低的代价或免费向顾客提供某一物品,以刺激顾客购买某一特定品牌商品。其中一种是包装内附赠品,将赠品附在包装内。

（6）奖励。奖励是指顾客在购买商品时，向他们免费提供物品或者代金券的机会。

（7）免费试用。它是指将商品送给顾客，让他们免费使用，以刺激他们对该品牌的兴趣。

（8）商品保证。在顾客对商品质量越来越看重的情况下，商品保证则是一种非常有效的销售促销方式。特别对一些技术含量较高的耐用品，如空调、电脑等商品，应承诺保修期，有条件的实行一定时期内包换或免费维修，这就解决了消费者的后顾之忧。

（9）打折促销。店铺的价位相对都比较高，利润率也维持在一个相对较高的水平，适时推出一系列打折促销，效果会非常明显。特别对那些购买力不足又追求名牌、精品的消费者有极大的诱惑力。

◆ 什么是"退换商品法"？

在商业经营实践中，顾客购物有"三怕"：一怕假冒伪劣商品；二怕营业员服务态度差；三怕货一到手"概不退换"。针对这三怕商店应该使顾客购物有"三感"：货真价实有安全感；优质服务有方便感；能退换有放心感。从现代商业营销来讲，商店退换商品能使顾客的购物风险降低到零。从贯彻产品质量法来讲，商业企业也必须实行商品销售先行负责制，即在生产和销售规定的责任负责期内，在符合退换原则的基础上，根据退换者的要求，商店可先进行商品的修理、换退、侵权赔偿处理。经营实践证明，商店推行退换商品是明智之举，是树立信誉、招徕顾客、扩大商品销售的有效方法，应彻底改变离店不认货的做法，那是消费者最为反感的经营作风。

◆ 什么是"数量限购法"？

数量限购法是利用了消费者普遍存在的一种抢俏心理。多数商品的使用价值、质量优劣，人们是很难从价格和外形上判断出来的。所以人们一般从三个方面去猜度：一是商品广告和说明书；二是销售冷热情况；三是推销人员的姿态。根据这种心理现象，在市场营销中应注意：①介绍商品的特点，特别是优点和有限的库存，让消费者抓紧购买；②当购买的顾客较多时,可请顾客成队轮购,造成抢俏声势;③推销商品时,不要采取逼进要挟式的手段去劝售。因为这种做法会适得其反,降低商品在消费者心目中的身价,使人感到卖主急于脱手而担心质量低劣,反而冲淡了购买欲望。有效的方法是数量限购,引发消费者抢俏心理,从而踊跃购买。

所以数量限购法被人们称为推销绝招,可供借鉴使用,其经营思想是一种稀缺战略,从应用广泛。

◆ **什么是"九九尾数法"**?

商品销售价格的尾数采用99,是零售商根据顾客消费心理采用的定价方法。九九尾数法对于顾客来讲,可以产生以下两点心理感觉:一是该商店核定销售价格时认真、准确,即使差这么一点也不将其凑成整数;二是感到商品比较便宜。如9角9分是几角钱的东西,1元是几块钱的商品。采用99尾数可以促使顾客产生购物的欲望。

在商品销售中采用九九尾数法时要注意:不能任意抬价,而要适当让利。顾客购买尾数99商品有一个求廉心理,针对这种购买动机,让利是非常有效的。单价不一的商品可以组合订价。

在实践中运用九九尾数法应注意:

(1)大宗商品尾数不宜订到9角9分。应按我国消费习惯,千元商品订价到10元,百元商品订价到元,10元以上商品订价到角。因此,有时不宜订价到分,这样可以减少找零钱。

(2)99尾数不宜硬凑。相差悬殊不要凑成99尾数,不然会损害消费者利益,或商店正当权益受到损害。

在我国近年来硬币、分币紧缺,使用受到限制情况下,九九尾数法可适当调整为9元9角、99元等形式出现。

◆ **什么是"顾客档案法"**?

为顾客建立档案,体现尽力为顾客服务的心愿,是店铺的一种有效的公关手段。如有的店铺建立了顾客生日档案,每逢顾客生日,该店派员工把一张贺卡送到家中这一举措深让顾客惊喜,相应地该店的知名度愈来愈高,生意愈来愈红火。

建立顾客消费档案,店铺可与顾客建立起经常性的联系,通过沟通能增加双方的情感,树立起店铺的良好企业形象,从店铺经营分析,通过建立顾客档案,可改变依靠微笑的浅层次的商业服务质量要求。店铺通过顾客档案建立的联系网络及时了解顾客的需求变化和消费心理,向顾客推荐商品,增加服务内容和项目,把生意做到顾客家里去,开拓服务新天地,从而使店铺服务更上一层楼。

顾客档案法可为店铺争取许多稳定的客户,增加回头客,迎来新顾客,所以大中型商店欢迎,小型商店也适用,达到赢得顾客、赢得市场的目的。

◆ 什么是"特定顾客法"?

特定顾客法是指商场只接待特定范围或层次的顾客进店购物,而不是一般商场广招顾客不分对象,愈多愈好的经商法。

妇女商店,谢绝男性顾客入店,引来了不少感兴趣的妇女,专挑妇女商店购物;孕妇商店,只有怀孕妇女可以进店,一般无孕妇女却不能进店购物;新婚青年商店,专为新婚的小俩口服务;老年人商品店等等;许多类似专为特定顾客开设的商店,都获得了较好的经营业绩。

在国外还有一种专门为左撇子服务的"左撇子商店",为左撇子设计供应各种日常用品。有些好奇的顾客会冒充左撇子进店购物。特定顾客法是利用人们一种求奇心理和为人尊敬而产生的满足感,虽然限制了顾客,而这种心理作用促使顾客到商店购物,从而起到促进销售的效果。我国目前开设了许多专业商店,亦有明确的特定消费阶层,商品陈列颇有特色,如果借鉴西方的"特定顾客法"就能为各专业商店增添吸引力,促进销售。

◆ 什么是"返璞归真法"?

在生活节奏不断加快、生活水平率先提高的城市,人们的消费追求出现了返璞归真的新潮。店铺要迎合人们返璞归真的消费心理,满足一种回归自然的需求。例如我国市场先后出现的对棉布采取"蜡染"印花、时装中推出"石窟艺术"、服饰中的"红腰带"、草帽中的"渔家斗笠"都得到人们的喜爱而畅销，这些商品成功销售是返璞归真法促销的功效。所以，店铺经营者要把握这种回归自然的消费需求，探幽发微、创造返璞归真的时髦，引导商品销售的潮流。

返璞归真在商品销售中的另一途径是对购物环境的设计，使购物者置身于历史时代或自然景色的特定环境之中。如设计成古代宫庭、原始部落、草原上的蒙古包的独特购物环境，服务人员可穿着与古代或者现代环境一致的衣饰，通过渲染一种与现代社会相距遥远的氛围来引发人们的返璞归真的心理追求，达到推销商品的目的。

◆ 什么是"随购赠礼法"？

商业心理学表明，在消费者购物时心理的满足程度上赠送物品要比降价有更大的吸引力。因为获得赠品的购物者，会有意外收获的感觉，赠送的东西得来太容易了，即使一无用处消费者心理上也会觉得满足。例如卖酒随赠酒杯、酒壶等。若要人花钱去买的话，会觉得不值，而当购酒时赠送的，会产生不要白不要的想法。

随购赠礼法就是利用这种心理来促进商品销售。在我国商业企业的商品销售中也经常采用。如对购买化妆品的顾客随赠画眉笔等化妆用品。随购赠礼法比竞相降价推销商品要高明得多，特别是当消费者熟悉了商店推销积压商品而采用打折扣宣传手法后，随购赠礼比降价更让消费者可信而受到顾客的欢迎。随购赠礼法在开拓市场、推销新商品的促销方面效果十分明显。

◆ 什么是"绿色食品法"？

社会在发展的同时，人类生存的环境受到愈来愈严重的污染。环境保护是人们对人类生存环境恶化后日益强烈的一种要求，也是我国政府奉行的一项重要国策。在商品经营中，迎合人们的环境保护公众意识和遵守有关法令外应自动参与环境保护运动其中一种比较有实效的方法是经营"绿色食品"。

绿色食品，是指无污染的安全、优质、营养类食品，生产绿色食品要符合以下规定：

（1）原料产地具有良好的自然生态环境。

（2）原料作物生长过程及水、肥、土条件符合无公害控制标准。

（3）产品的加工、包装、储运过程符合严格的卫生标准。

（4）经过申报检验核实后，统一使用绿色标志：太阳下两片绿叶轻托着一枚绿芽。

绿色食品是环境保护和农业高新技术融于一体的新型食品。商业经营中，经营绿色食品有以下好处：

（1）随着我国人民生活水平的提高，绿色食品被人们视为放心食品，将受到愈来愈多消费者欢迎，市场前景十分可观。

（2）商业经营绿色食品可以引导消费者的食品消费更加合理，营养逐步过渡到小康水平。

（3）绿色食品在西方国家很受欢迎，可以解决以往因农药残留而出口受挫问题，扩大出口创汇，有利于我国食品走向国际市场。

◆ 什么是"情侣商品法"？

我国商品市场上近年来兴起了一股情侣商品新潮。因为适应了青年男女表达心心相印志同道合的热恋之情情侣商品成为市场上受欢迎的商品。生产和经营情侣商品是当前一种适应市场需求扩大商品销售的良策妙计。

现在市场上还出现了情侣表和情侣包等吃、穿、用情侣商品。情侣商品法可以扩展到专业经营情侣商品的"情侣商场"、"情侣屋"、"情侣购物中心"等。

情侣商品法的应用可使一般商品增加一份温馨的情调,以满足青年情侣的特殊需求。要求工商双方齐心协力,不断推出不同品种门类的情侣商品,通过情侣商品销售来开拓市场,以特色商品来创造市场。

◆ **什么是"反时令销售法"？**

首先,在夏令时节,市场上充满了夏装,这时推出冬衣在店堂搞展销,有鹤立鸡群之感,会引来众多好奇的顾客,展销服装的式样、品牌、质量、价格会在顾客心中留下深刻的印象。这种手法可达到先声夺人的效果。而等到冬天时节,同样展销,可能就没有这种效果。

其次,采用了特价预订,有些店铺的看样订货,使生产厂家先获得消费者需求的宝贵信息,可避免由于商品不符而产生的货物积压,这样可做到工厂按需生产,商店按需组织货源。

再次,顾客预订后,生产厂家可得到一笔预付的货款作为流动资金,在资金紧缺的情况下,十分重要。同时通过预订为商店留住了顾客。所以,这种冬装夏销的反时令销售法是对生产厂家、店铺、消费者三者都有利的一种商品销售好方法,可以改变以往过季削价处理的被动局面。

十一、为顾客提供优质的服务

◆ **影响顾客满意的因素有哪些?**

（1）产品本身。产品要素包括有形产品要素和无形产品要素（即服务），店铺必须对采购的商品严格把关，必须要有精品意识，只要商品有一丝瑕疵，就不能拿出来销售。同时还要讲究产品的新颖性、时尚性，在满足顾客不同需求的同时,店铺还可以对商品进行相应的设计,体现店铺特有的风格。

（2）销售活动。销售活动包括售前活动和售中活动。顾客在准备消费前，获取企业通过各种途径传递的信息，然后对该商品形成自己的想法，包括他们需求、商品所能带来的好处、他们所愿意接受的价格。这是我们常说的"顾客期望"，它与销售中的所有活动共同影响顾客满意度。

（3）售后服务。随着顾客满意观念的深入发展，为顾客提供售后服务的工作从原来的维修及处理投诉扩展至免费热线、回访、售后的修理及维护服务、维修零件供应、广泛的质量保证、操作培训等方面。这些售后服务工作可以归结为两大方面：支持服务和反馈赔偿。售后服务不仅可以直接影响到顾客满意度，还可以对产品、销售中出现的失误给予补救以达到顾客的满意。①支持服务。支持服务包括产品保证书、零件供应与服务、使用者帮助和培训，店铺专业化的服务是店铺的优势之一。店铺提供服务的范围和由此形成的店铺政策及态度对顾客满意度无疑具有重大的影响；

②反馈与赔偿。反馈与赔偿包括对投诉的处理，对争议的解决和退款及退款政策等。这些工作有助于店铺树立令顾客满意的形象。

（4）店铺文化。店铺的价值观是店铺的信仰、准则、思路和战略。店铺关于生存与竞争的文化是店铺产品、销售活动和售后服务的有力推动者。店铺文化的核心便是：店铺的管理者和员工都应该有把一切都做得完美的信念。

◆ 商品销售活动怎样影响顾客的满意度？

（1）信息。店铺通过各种渠道把信息传递给顾客以影响顾客的期望和实际感受进而会影响顾客的满意度这些信息可分为显露信息和隐藏信息。显露信息由店铺明确、详细地传递给顾客，包括广告、推广活动、销售说明、具体的报价等。隐藏信息通过潜意识的信号传递给顾客，包括销售地点的布置、销售人员的衣着、店堂设计、商品的组合、商品的陈列等。

（2）态度。在顾客购买过程中，销售人员的态度及其与顾客的沟通，销售努力的着眼点，对顾客的承诺及如何保证这一承诺的实现都会对顾客的购买经历产生影响。因此，对销售人员的培训，无论是在产品服务特征及应用方面还是在与顾客沟通方面都是很重要的。

（3）行为。员工尤其是销售人员的行为在销售活动中对顾客满意度的影响至关重要。这些行为主要包括：在对待顾客需要及出现问题时要有友好的表现；具有丰富的销售经验；销售中关注于满足顾客的需求等。店铺在这方面的努力可以通过培训和奖励两方面完成。

◆ 店铺怎样提高顾客满意度？

全面提升顾客满意度，必须从三个方面入手，首先是店铺的形象，即顾客对店铺整体的评价及店铺在相关主体中的口碑，如果店铺不能树立自身良好的形象，就谈不上顾客满意。关于如何提升店铺的形象，在前面的店铺形象策略中已有详尽论述，这里不再重复。

其次是有形产品要素即店铺销售的商品，包括商品的品牌、性能、品质及时尚性等很多方面。店铺的特色很大一部分体现在商品的特色中。而要使顾客满意，店铺经营的商品必须迎合顾客的口味，给顾客带来最大的价值。

还有就是我们要重点论述的无形产品要素即服务,特别是随着市场竞争日趋激烈,商品的差异化已很难长久保持,所以形不成店铺的核心竞争力,而服务特别容易差别化,而且在短期内不容易让竞争对手模仿,只有将优异的服务作为核心竞争力,加强与顾客的联系,提高他们的满意度和忠诚度,才能最终取得长久的竞争优势。

◆ 提高顾客满意度的方法有哪些?

（1）发挥销售人员的聪明才智和主动精神。店铺要取得发展固然要有"硬件",要逐步改善物质条件,增加设施。不过关键还在于"软件",主要是销售队伍的素质和管理水平。对此,绝不可等闲视之,因为它可以在某种程度上弥补物质条件的不足,是增强店铺竞争力的主要因素。

（2）平等对待所有顾客。店铺必须平等对待所有的顾客。我国经商谚语"童叟无欺"也包含了这个意思,即不应该使顾客感到他受到了歧视。例如,要是让小孩感到被歧视了,就会影响家长对商店的看法,孩子们也会对商店进行评论。特别要注意的是有的店铺对老顾客备加照顾,频频招呼,而对第一次来的顾客却不理不睬,这是极端错误的。

（3）重视分别接待。对顾客分别接待是搞好服务的基本课题。分别接待就是有针对性地提供服务,尽可能地满足不同层次顾客的实际需求和心理需要,就是每一个顾客都当作个人来接待。如店铺可以对老顾客实行联谊制,通过联谊活动、优惠活动,加强与他们的联系,了解他们的消费需求变化。

（4）恰当使用营业语言。在提供服务中,一个很大的问题是很容易与顾客使用的语言产生差距。常常发生营业人员把自己的语言即营业惯用语强加给顾客。店铺销售人员应尽量使用销售的基本礼貌用语,同时,在与顾客交流中要吐字清楚,说话速度适中,便于顾客理解。

（5）树立销售人员的服务观。从事销售工作的人不是被动地承担所赋予的工作,而是通过自己的工作积极地发挥自己销售的能力。

（6）服务质量。服务质量是个大概念,不光是指服务态度。例如,旅店服务质量的内容就相当广泛,包括:住店方便程度、舒适程度、服务态度;工作、生活、购物、娱乐便利程度。这体现在旅店的电信联络、饮食、酒吧水平、交通条件等方面。

◆ 怎样贯彻顾客满意战略？

走进客户的心，探求顾客的期望。首先，必须站在顾客的立场上，使用最直接深入顾客内心的方法，找出顾客对公司、商品及员工的期望。有效的探求要靠三个因素：焦点放在最重要的顾客身上；找出顾客和店铺对服务定义的差异；利用重质胜于重量的研究方法，找出顾客真的期望。实践表明这种探求结果都会使管理者为之一惊，因为依据长期经验判断顾客心目中的优良服务，是与事实相悖的。

需要提及的是，由于服务很难标准化，顾客对服务的判断也会因为提供服务者和他本人的参与程度而产生偏差，因此，找出顾客对服务的期望远比找出他们的需求困难得多。但是，这种探求带来大的收获，却是实质性的业绩和利润。

同时，要消除店铺与顾客之间信息的不对称性。有许多经营者总是抱怨，顾客越来越挑剔。但从顾客角度看，顾客觉得自己得不到公司尊重。这种店铺与顾客之间信息不对称，一个重要的根源在于店铺经营者是站在它自身的立场来看问题，而缺乏一种"换位"的思考。

◆ 怎样对待影响顾客满意度的时机？

顾客满意始于重视"关键时刻"。"关键时刻"是一个重要的服务管理学术语，就是当顾客光顾店铺任何一个部门时发生的那一瞬间，经过这样的短暂接触，顾客对服务质量，甚至潜在地对产品质量有所了解。关键时刻存在于顾客购买的时候也存在于送货的时候既存在于顾客抱怨的时候，也存在于进行售后服务的时候关键时刻存在于任何与顾客打交道的时候。企业文化、企业形象、企业信誉，就在许许多多的关键时刻中形成。

重视"关键时刻"，员工行为模式要与消费者的行为模式协调一致。即顾客与员工的态度、价值观、感受、期望等，以及两者之间在关键时刻所发生某些共鸣，才能赢得关键时刻的成功。因此，就需要把企业与顾客的认知缺口找出来，让大家比较清楚地了解顾客认知与实际情况的落差，找出服务盲点以待克服。同时，要求员工必须具备良好的职业道德素质，以适应不同层次服务需求，为顾客营造良好的购物环境，以保持两者之间的协调一致。

◆ 怎样贯彻顾客需求战略？

很多店铺都在踏踏实实地贯彻顾客需求战略，这反映了顾客第一的经营理念，主要包括三个方面：

（1）以诚相待。店员与顾客的交往中应强调以下这些方面：①面带微笑地注视着出入商店的顾客，如果顾客询问商品的位置，要亲自把他们带到商品的位置；②每天营业前要做到一尘不染，清洁是购物的前提，商店的设计要与顾客购物的方式方法一致；③征询顾客的意见，采纳好建议，使他们感到店是为他们设立的，要有孩子们玩耍的场所和老人休息的地方。

（2）合作伙伴。成熟商店如何通过合作精神换得竞争的先机？这需要把食品加工厂和食品配送中心联合在一起，从而使商店更好地为顾客服务。只有把货架、货箱、冷柜和冰箱都摆满质优价低的商品，才能使商店具有竞争力。现在还有许多人的收入是有限的，商店的定位就是为他们服务。让他们相信商店的质量和价格。所有的食品厂商都希望这种家庭式经营取得成功。虽然他们面对所有的零售商，但是，家庭式经营在他们的心里有特殊的位置。我们应该使合作伙伴也获利，应该让消费者从中受益。

（3）热情周到。店铺要为顾客提供各种服务，如：挑选商品和付款等。所以说，要想令顾客满意，必须首先关心你的职工。谁都想做好生意，但是我问你："你每天如何使你的职工精神饱满地去工作？""你是否让他们穿着引人注目的工作服，使他们愉悦地工作？他们工作好的时候，你是否跟他们打招呼，并赞赏他们的表现，使他们充满信心"？"你是否使他们感觉到你是真正地关心他们，把他们当人看，不是工作机器"？好的商店具有人情味，有温馨的感觉，这种气氛来自店主的热情周到。只有持之以恒才能使商店成为最好的工作和购物场所。

◆ 如何为顾客提供周全的服务？

店铺不仅要充实服务的软件，也要配置相应的硬件设施，这样可提高顾客对店铺的信任程度。比如有一家珠宝店。它在珠宝饰品的柜台设婚礼用品咨询台，为顾客提供这方面的咨询服务。此柜台不仅销售结婚戒指，而且还向顾客介绍举办婚礼的礼节礼仪，与顾客商量应该向参加婚礼的来宾回赠什么礼物等。总之，为顾客提供全面的服务，以在最大程度上满足顾客需求。

店主也可以在店内设置放置了沙发和饮水机的"顾客沙龙",店方在这里接待咨询顾客可以使结伴而来的顾客在这里喝茶、聊天,还可以向购物完毕的顾客提供免费搬运行李的服务。店方为此项服务还专门配置了搬运车。

店主还可以在店内专设礼物包装台。包装台上展示了各种包装的款式,顾客可从中选择自己喜欢的包装款式,而且还备有各种贺卡,若顾客需要,店员就将贺卡和礼物一起包装。总之在保证服务项目支出有足够回报的前提下尽可能提供周全的服务以使顾客满意。

◆ 如何为顾客提供一个满意的购物氛围?

如有一家小有名气的眼镜店,其眼镜柜台的验光室是半封闭的,气氛轻松明快,不会使顾客感到紧张压抑。店铺为工作繁忙的顾客提供验光预约服务。柜台为验光的顾客设有行李存放柜,考虑得十分周到,在那里修理加工室的面积较大,因此修理加工室的一部分墙面被改装成玻璃墙,顾客可看见工作情景,放上长椅,为顾客提供休息之用。

店内还设有洗手间、化妆室。由于来店的女顾客多,因此店方对洗手间的环境非常重视。洗手间分男性专用和女性专用,内设消音设备,配合芳香剂,顾客可随时使用。在女性专用的洗手间还设有化妆台,化妆台上摆一个插一枝花的花瓶,给人一种洁净感。

当然了,提供一个美好购物氛围并不仅仅拘泥于以上这些,只要跳开固定的圈子,摆脱常规思维方式,我们将会在更广的意义上理解购物氛围。比如有这样一家手表店,它将自己定位为顾客在自己的车上购物的店铺,即店铺服务到车上,从而创造出了一个新奇、方便、快捷的氛围。例如,驱车来换手表电池的顾客,将车开到店门外以后鸣笛,店员听到信号后来到顾客的车前,接过顾客从车上递过来的手表。然后顾客驱车离去,去办其他事。过一段时间后,顾客又驱车来到店外鸣笛。店员将已换好电池的手表递给车上的顾客。这种车上交易的销售方式极大地方便了顾客,深受顾客的好评,因此有了一大批铁杆顾客,生意兴隆。总之,只要店主不因循守旧,根据实际情况创造出恰当的商店氛围,那也就成功了一半。

◆ 怎样通过优质服务提高"店誉"?

店誉是商店最大的无形资产。

(1)采取顾客至上的行为。俗话说"一个顾客,十笔交易",许多老板都忽略了它的重要性,以为多得罪或失去一个客人没有什么关系,殊不知,如果不能使各个顾客满意的话,其损失是难以计数的,因为不但失去他本身,而且他还会对他的朋友说:"这家店真是不好"等批评的话,这种批评所具有的影响力,是超乎我们想象的。

(2)提升商店的店格。老板本身品德言行,实为店誉的基础。如果老板平日名气好,则店誉自然良好,如果恶名昭彰,或店员品行不端,顾客的信赖感自然大大降低。

(3)建立主顾间良好的人际关系。 商店本身所具有的知名度以及其气派的装修,虽有助于其商誉的提升,但是讲到亲切感和人际关系,小商店应该要做得比大商店好才是,所以,小商店的经营者与全体参与者应该要努力建立与顾客之间的情感,这是扩展与提高商誉的一条捷径。

(4)价格政策应力求真实。如大小商品一律实行标价,以取信于顾客。如果实行不二价订价时尤其应注意:商品价格是否确实可行?是否比别家贵还不自知?

(5)便利与物美价廉的原则。商店所准备商品货色齐备,一应俱全的话,不仅可以提高商誉而且也会大大减少顾客的不满。顾客对商品的不满包括以下5点:①品质不良;②不合时宜;③不够新鲜;④价格太贵;⑤类别太少、不是名牌。

类似这些问题,在对商品作计划时应尽量避免。

◆ 缺货时怎样让顾客满意而归?

当顾客走进你的店里,指定买某种商品,但该产品正好缺货时,你该怎么办?

如果只是说:"对不起,这种东西卖完了。"难免使顾客觉得不够亲切。但如果你说:"很抱歉,刚好卖完,我立刻向批发商进货明天一定会有。"那么,顾客会比较满意,心里也舒服多了。当然,如果条件允许,应尽可能保证说到做到。也可以换一种方式说:"我们这里没有了,但对面那家商店或许有。"把顾客介绍到附近的商店,或为顾客打电话查询,那么顾客一定会觉得这家商店真亲切。这样,不但不会由于缺货而惹恼顾客,反而提高了自己商店的信誉。

◆ 怎样分析顾客的购买心理?

世上的消费者成千上万,各有各的特点,各有各的习惯,各有各的具体情况,他们的购买心理就可能不一样。男性的消费心理同女性不一样;年老的同年少的购买心理不一样;讲究实惠的同讲究时髦的购买心理不一样,热衷于大众化的同讲究个性的购买心理也不一样,因此要想使消费者买你的东西,还得仔仔细细分析他们的购买心理。仔细分析一下,顾客购买心理主要有下述几种类型:

(1)求美心理。消费者在选购商品时不以使用价值为宗旨,而是注重商品的品格和个性,强调商品的艺术美。其动机的核心是讲究装饰和漂亮。不仅仅关注商品的价格、性能、质量、服务等价值,而且也关注商品的包装、款式、颜色、造型等形体价值。主要的对象是城市青年男女。

(2)求名心理。消费者在选购商品时,特别重视商品的威望和象征意义。商品要名贵,牌子要响亮,以此来显示自己地位的特殊或炫耀自己的能力非凡,其动机的核心是"显名"和"炫耀",同时对名牌有一种安全感和信赖感,觉得质量信得过。

精明的商人,总是善于运用消费者的崇名心理来经营。一是努力使自己的产品成为名牌。二是利用各类名人推销自己的产品。主要消费对象:城市青年男女。

(3)求实心理。消费者在选购商品时不过分强调商品的美观悦目,而以朴实耐用为主,其动机的核心就是"实用"和"实惠"。主要消费对象为:家庭主妇和低收入者。

(4)求新心理。消费者在选购商品时尤其重视商品款式和眼下流行的样式,追逐新潮。对于商品是否经久耐用,价格是否合理则不大考虑。这种动机的核心是:"时髦"和"奇特"。主要消费对象是青少年和儿童。

(5)求廉心理。消费者在选购商品时,特别计较商品的价格,喜欢物美价廉或削价处理的商品。其动机的核心是"便宜"和"低档"。主要消费对象:农村消费者和低收入阶层。

(6)攀比心理。消费者在选购商品时,不是由于急需或必要,而是仅凭感情的冲动,总想比别人强,要超过别人,以求得心理上的满足。其动机的核心是争赢斗胜。主要消费对象为:儿童和青少年。

(7)癖好心理。消费者在选购商品时,是根据自己的生活习惯和业余爱好为原则的,他们的倾向比较集中,行为比较理智,可以说是"胸有成竹",并具有经常性和持续性的特点。他们的动机核心就是"单一"和"癖好"。主要消费对象是老年人。

(8)猎奇心理。 所谓猎奇心理,是对新奇事物和现象产生注意和爱好的心理倾向或称之为好奇心。古今中外的消费者,在猎奇心理的驱使下大多喜欢新的消费品,寻求商品新的质量、新的功能、新的花样、新的款式,求新的享受、新的乐趣和新的刺激。主要消费对象为:儿童和青少年。

(9)从众心理。女性在购买时容易受别人的影响。如许多人正在抢购某种商品,她们极可能加入抢购者的行列。平常总是留心观察周围人的穿着打扮。喜欢打听别人所购物品的信息,而产生模仿心理与暗示心理。女性容易接受别人的劝说,别人说好的,她很可能就下定决心购买,别人若说不好,她很可能就放弃不买。

市场上所经常见到的"一窝蜂"现象,产生的根源在于购买者有种错误的判断:认为有那么多人抢一定会是好货,或者有便宜可占。主要消费对象是女性。

另外,一般来说,女性比男性具有更强的情感性。因此,女性的购买行为容易受直观感觉和情感的影响。如清新的广告,鲜艳的包装,新颖的式样,感人的气氛等,都能引起女性的好奇,激起她们强烈的购买欲望。

◆ **如何对顾客进行分类?**

顾客一般可分三类,学会顺应这些顾客,你就向成交这一目标迈了一大步。以下是顾客分类和不同的对待方法。

（1）烦躁的顾客。要有耐心，温和地与他（她）交谈。

（2）有依赖性的顾客。他们可能有点胆怯，不能下决心。你态度要温和富于同情心。为他们着想，提些有益的建议，但别施加太大的压力。

（3）对商品不满意的顾客。他们持怀疑态度，对他们要坦率，说话要有见地、简捷。要有礼貌保持自控能力。

（4）有试一试心理的顾客。他们吹毛求疵、冷漠，通常你得有坚韧的毅力，向顾客显示你对商品的丰富知识。

（5）常识性顾客。他们有礼貌、有理智。用有效的方法待客，用你的理智和友好的态度回报。

◆ 怎样观察顾客细微的举止？

从顾客细微的举动上进行猜测，用自信的态度和诚恳的话语来应付。每个人都有一种自我意识，但在复杂的社会交往中，并不能事事都按自己的心意做，因此，当出于种种复杂的原因，当让做有违自己心意的事情时，抗拒心就油然而生。然而，在很多场合下，人的理智告诉感情，绝不能把抗拒心表示出来，或者理智告诉感情，没有必要明确表示抗拒。尽管如此，顾客大致仍会有如下一些表现：

（1）接受广告单很勉强，接过来后看也不看就放在一边。不想接受销售人员提供的说明书、价目表等资料。当店员操作示范机器时，毫无反应。

（2）当店员凑近时，顾客反而慢慢地躲开。

（3）故意拿出很多文件或用具堆在桌子上，不让销售人员放样品或说明资料。

（4）销售人员请他试一试机器时，他却故意掏出香烟。

（5）在销售人员作讲解说明时故意从中打岔。

（6）顾客忽然整理抽屉或皮包，或根本没什么事情却大声招呼其他人。

（7）把两手的大拇指合成三角形搁在柜台上，这是其自信的表现。有的顾客时而握拳时而放开，或手时而伸进口袋时而伸出来，或用手指尖轻敲桌子，越快表明越紧张。还有的顾客脚在桌子下不出声地擦着地板。

（8）扁嘴或皱眉。嘴巴紧闭或咬住嘴唇。说话声音时大时小。讲话时，抬头或低头很突然。

这些细微末节的举止，有的稍纵即逝，有的则表现得很鲜明。只要您能注意到，并慢慢地消除这些现象，生意大概有八成希望可以做成。对此不必畏惧，更不要错过良机。

◈ 怎样对待"我要走了"的顾客？

这些顾客大多数是一些老手，特别不好对付。如果销售人员不答应他的条件，他就会说"我要走了"的话，用来对销售人员施加压力。他认为这样施加压力后，推销员会答应他的条件。对于这类顾客不能太让步。因为你太让步，他就会抓住你的弱点，使你吃亏的。对于他们只能据理相争，但也要给他一个台阶，让他从不买这个台上下来。这就要求对这类顾客，还应当有些礼貌，又不放他走，这就需要用话把他说服。你所应用的话有：

"先生，要走了，别明天来了后悔呀，到明天，或许价格就涨了呢，你没看见这几天货是一天比一天价格高吗？再说我这商品又不错，您也喜欢，何必走呢，来，咱们好好商谈一下，怎么样？"

"先生，别忙，先开个订货单，到明天您来后就省事多了，何必着急，怎么样？""老兄，咱们可都是抬头不见低头见的熟人啦，这样吧，你就先把货拿走，随你什么时候交钱，怎么样？"当你运用这样的语言之后，这类顾客就会走也不是，不走也不是。

◈ 如何对待没有主见的顾客？

这类顾客做什么事都没主见，总是依赖别人，依赖他所信任的人，他们总是把自己当做一个小孩看待，每做一件事，都要和家里的人商量，或与他所熟悉的人、信任的人商量。有时这类人爱凑个热闹。

由于这种人没有主见，总希望与一个有主见的，且可信任的人商谈一下，给他个决定，然后他才去做某件事。

根据这一点，推销员可先和他们聊天，谈话就成了必要的，也就是先取得他们的信任，最后再询问他们"要不要"。这样就为下面埋下了"信任"的伏笔。

由于推销员对于这类顾客来说是有主见的、可信任的人，就会听从于推销员的意见，这样成交就可能了。可以这样对顾客说："先生，这些商品就在您的眼前，您又觉得很满意，为什么要和别人商量呢？难道还有人比您更加清楚我的商品，依我之见，您就开个订货单吧！您觉得怎么样？"

这样诚恳的话，顾客首先就对你产生好感，并且听了你的话后为了表示自己要有独立主见，就会买了。

◆ 如何对待现在不买的顾客？

这类顾客一般是对于销售人员，或对于推销的商品有一种不信任的思想。当销售人员问他时，他就借现在不买来推托。但是，他却不急着走，还会对商品左看右顾，并且会听别的顾客的谈论。这种顾客是在思考这种商品的可信度。不过如果销售人员不加以注意，不接近他的话，这样就会损失一次成交机会。这样之后，顾客即使想买也不好意思开口，这时销售人员就应该给顾客一个台阶、一次开口的机会，同时也是给双方一次交易的机会。只要销售人员处理得当，这类顾客成交率还是很高的，当然，你的商品质量得好。

这类顾客还有一种可能是自己心里有一点疑虑，也就是有一个不购买的理由没有解决。被迫于销售人员的推销，就只好随口说声现在不买了。这种情况下，销售人员应当探询他的理由，只要顾客肯说出理由，那销售人员解决之后，交易就顺利了。对于这样的顾客，你可以这样说：

"先生，您觉得我的商品好，您又知道现在的物价是一天涨似一天。您现在不买，将来这个价就买不到这样的好货了。您应当趁此机会把您的钱买成货物，这样比存入银行好多了。怎么样？""先生，您现在不买，是不是有所顾虑。这样好了，您就去外面打听一下，我的商品什么时候不是物美价廉。不信，您就多看看商品，等一会儿我再给您开订货单，怎么样？""先生，您是不是有什么问题，如果有什么相反意见，就马上说出来，让我给您立即解决。这样，您可以现在买下我们的商品，省得以后涨价，您觉得如何？"

这样一问后，顾客即使有什么疑虑或有什么相反的意见，一定会告诉你。等给他解决后，成交可能性就大了。

◆ 如何对待还没有决定的顾客？

这类顾客也是一种有些顾虑的顾客。他们一定有什么不购买的理由还没有被销售人员解决，或者是这种商品对于顾客来说是可要可不要，顾客自己还在犹豫不决。所以还没有决定是否购买。

对付这种顾客的关键是劝其说出他自己不购买的理由。这就需要一些技巧和诚恳。还有一种是给他吃一个定心丸，然后劝其购买，尽量对顾客说些促使他感到需要的优点，这样有利于成交。

让顾客说出理由的方法有两条途径。一个是一个一个试探性的询问。另一个则是让其觉得你可靠，可信任，让其自己把不购买的理由说出来。只要知道了他们的理由，交易就按一般步骤来做即可。

对于第一条途径，可这样说："先生，您现在没决定购买我的商品，是不是对我的商品有什么顾虑？是觉得我的商品质量差呢？还是觉得包装不适合您的口味？" 这样一问，顾客为阻止你继续问下去，就会把自己的真正理由说出来，这样你就可为其解决，使交易顺利进行。

顾客听完你把一些秘密告诉他之后，对你产生一种信任感，让其说出自己真正不想购买的理由。

◆ 怎样对待"到别处去看看再说"的顾客？

这类顾客总不想吃亏，或吃亏多了产生一种恐惧心理，反正总想多挑选几次，总认为货比三家不吃亏。他们情愿跑断腿，只要挑好货，可是他们总挑出次品来。因为他们疑心太重，对于销售人员不信任，于是销售人员对他也不会太好，因为这些顾客伤了销售人员的自尊心。

这些顾客只会东奔西跑瞎忙活，自己没有鉴别能力，还怀疑销售人员，这种人总是吃亏。

对于这类顾客，给他制造悬机，使之束手无策，然后听任你摆布。或者给他制造迷雾，使他辨不清东西，这样促成他说出的话收不回去。这两种方法都可以，都能使顾客下定决心购买你的货物。听完顾客的话后，第一种途径，您可这样说： "先生，您别去那边了，那边没有这样的商品。别错过时机，我一会儿就卖完了，等您过来就卖了，等您过来没了可别后悔。现在您觉得我的商品很合您的意，且价格又适合，去那边也相差不多，如果那边没有，不成两头空了吗？何苦为不存在的东西而奔跑呢，怎么样？先生！"

这最后一段话，是对顾客一个很好的反击，也是一种对顾客的压力。这样就会迫使他买。

第二种途径，你可这样说："先生，顾客对于自己的钱都有使用专权，都希望用最少的钱买最好的商品。而对于销售人员来说则是尽量以最好的价出手,但又要适合于顾客的口味,所以没有一个销售人员有好的商品而以低价出售的。您去别处看看?难道别处的推销员就是拿好的商品送人吗?别太迷信那种.货比几家不吃亏.的道理,这样不太好,你反而会吃亏的。怎么样?下个决心买吧。"

◆ 怎样对待有急事的顾客?

这些人较勤快老实,但又没有什么计划、目标,只是为活着而活着,只是为了基本的生存而劳动着。他们特别珍惜自己的钱,因为他们知道钱来之不易。

这类顾客虽不是什么大款,但也决不是贫穷之家。这类顾客对自己的人生有一个认定的哲理,也就是多劳就不会饿死,勤快就不会太穷。这在任何社会、任何地方、任何时候都是行得通的。

销售人员可以给他一些新思想,给他一些投资思想,使他有一种跃跃欲试的感觉。这样他就会对购买交易热心起来,由原来不想买转为想买了。对于真有急事的顾客,你也可给他一种处理办法,使顾客无话可说,这样也比较顺利,能使你不失去顾客。有些顾客也是有一些问题没有解决,于是就拿有急事来推托,只要找出他的问题,就好办多了。可以这样应付他们:"先生,您喜欢我这商品,又想购买它,但是有急事。这样吧!您就先开个订货单,等你有空了再来,咱们再交钱,怎么样?反正开个订货单也不费您多少时间。"也可这样说:"先生,我知道您很忙,对不起。但是您对我们的商品有些什么看法呢?能让我知道吗?"

这些中肯的话,会使顾客留下来与你商谈的,这样以后的交易就比较容易了。

◆ 怎样对待觉得价格高的顾客?

这些人都想买一些价格低、很实惠,但并不需要包装好的商品。销售人员对于这些顾客就是运用以后价格还会高来逼迫他买,或者追问他为什么不买别处低价的商品,况且一分价钱一分货,价格高可以买好货。使顾客有一定的审美能力,也可激他买其他商品。可以这样应付:"先生,你说我们的商品价高,那么哪儿有比这还低的价,即使价比这低,他的商品有我这儿的好吗?先生,好价买好货,不要以低价买了一些次品,用不了几天就坏了,千万要慎重。先生,您既然喜欢我们的商品,价格也不算太高,也就可以啦,怎么样?先生?"

另一种方式可以这样说:"先生,您用自己的钱总要买好货,我们这里的货就不错。您现在不买过几天可就买不到了,因为现在物价一天涨似一天,您最好早买,错过机会,价格就会更高。况且现在这个价又不算太高,怎么样?" "先生,您觉得我们这儿的价格高,您就去别处看一看,有没有比这价格低的,我想您一定会返回来的。那么您就先去!别忘了再来呀!"

十二、店铺的安全管理

◆ **店面安全管理包含哪些内容？**

（1）消防安全管理。消防安全管理工作之范围包括：火灾预防及抢救；各项消防安全设备的定期检查和管理；消防水源的定期检查和管理；消防安全的教育及宣传。

（2）陈设安全管理。不安全的卖场陈设，容易使顾客在购物区域活动时，发生意外事故，因此需特别注意下列事项：①货品陈列安全：货品陈列过高，或是摆放不整齐时，容易因地震或人为碰撞而使商品倒塌或掉落，造成顾客或员工的意外伤害；②卖场装潢安全：开店者为了吸引消费者，往往在装潢上作了相当大的投资。但是在美观之余，还必须注意其安全性。例如：部分卖场喜欢利用玻璃作为装饰，但由于玻璃制品易碎，除了容易引起严重的伤害之外，还因为其不容易清理干净，使其他的顾客再次受伤；③货架摆设安全：货架摆设得位置不当、不稳固，或是有凸角产生，都可能使顾客在购物时发生意外事故；④地面安全：地面湿滑或有水渍出现时，若未能立即处理，也会造成顾客在行进时滑跤。

（3）员工作业安全管理。员工作业方式不当，也可能造成顾客或员工本身的伤害。例如：补货作业不当、大型推车使用不当、卸货作业不当，都可能造成商品掉落，因而砸伤或者压伤顾客和员工。

◆ **店铺怎样防止偷窃？**

偷窃问题是店铺在安全管理上相当重要的一部分。防范的对象除了一般的顾客以外，也不可忽视店铺本身的工作人员。

下面列举一些店铺的防盗技巧。在开放式的卖场中，把最易失窃的商品陈列在售货员视线最易到达的地方，这样，会给小偷增加作案的困难，有利于商品的防盗。但是，最易失窃的商品最好不要放置在出入口处，出入口处的人员流动大，售货员不易发现或区分偷窃者，容易造成商品失窃。还可以采取集中的方式，在大卖场当中把一些易丢失、高价值的商品集中到一个相对较小的区域，形成类似"精品廊"的购物空间，也是一种好的安全的商品陈列方式，非常有利于商品的防窃。这样的防盗措施还不够，要把损失降低到最小，除了"安全"的陈列方式之外，还可以安装先进的电子商品防盗系统。

◆ **店铺遇抢怎么办？**

（1）避免伤害。①不与争执，抢匪抢劫时，必须承受巨大的心理压力，若三分钟内无法得手，则易被外来者打扰而放弃或因外力而有伤害店职员的举动。因此，若不幸遭遇抢劫，职员的人身安全第一，教育店职员要保持冷静、灵活应对；②双手动作应让抢匪看得很清楚，避免抢匪误解而造成伤害。

（2）注意歹徒特征。详细记下歹徒的特征有助于警方破案。平时教育店职员如何避免店员在遇抢时，因惊吓过度而不知所措，对歹徒的各项特征一无所知，即使报案亦无法顺利破案。

（3）歹徒作案后的处置。①确定歹徒已离去后，立即通知店主并报警；②小心保持犯罪现场的完整，不要碰摸罪犯曾经碰过的地方，以避免破坏了可能存在的指纹或证据。

◆ **怎样处置偷窃顾客？**

（1）一般而言，在店内抓到偷窃者，大多采取和解的方式，写悔过书，并按原价买回所窃的物品；若是未成年除了写悔过书外亦请其家长来领回，很少送警法办。但若行窃者态度蛮横，可考虑将其报警处理。

（2）未有确实的把握，请勿将嫌疑者抓起来当小偷处置，抓到的偷窃者不得毒打,可罚其加倍买下物品,以免违法,吃上官司。

◆ 怎样预防店铺意外事故的发生?

(1)抬物时应蹲下,不要仅用腰力,以预防腰部扭伤。抬物须量力而为,不要超出自己的能力,造成商品的掉落,自己本身也跌倒受伤。

(2)要攀高时,应使用梯子,使用前检查梯子牢固滑动,可将梯子底部垫布圈。

(3)必须维持走道的畅通无阻,以防工作人员跌倒。走道上若有污物积水,应立即予以清除。

◆ 怎样预防店铺发生火灾?

(1)打扫垃圾注意有无明火种,因便利垃圾桶常置于楼下,有时吸烟者烟蒂未完全熄灭即丢入垃圾桶内,容易引起火灾。

(2)电器、插座、马达附近应当清扫,勿有杂物,因这地方用电量较大,容易电线漏电,若有太多可燃杂物,则易因微小的火苗而导致火害。

(3)店内勿放易燃物,减少火灾发生的机会。

(4)教育店职员用电常识,且店内煤气及电源开关,都应让每位店职员知道,不用时予以关闭,以防患于未然。

(5)店内必须备有灭火器,且使每位店职员都会使用,以备不时之需,减少损失。

◆ 店铺发生停电时怎么办?

营业时突然停电,一定要先保持镇定,而后将电箱内的开关,除了总电源、变压器、电容器、单向总开关及室内灯不关外,其余全部关掉,并注意下列事项:

(1)店内必备照明灯。停电时,紧急照明灯会自动启动,此外店内应随时备有应急手电筒。如果是在晚上,必须将仓库锁上,加强柜台区的照明,以防歹徒偷或抢。

(2)追查原因:向电力公司查询停电原因及时间长短,以便做出对策。

(3)若长时间停电,应暂时停止使用冷冻、冷藏柜,避免冷冻、冷藏品因温度上升而腐坏。

（4）停电时,收银机无法打出发票,此时可利用空白纸填上消费金额,并盖发票章,请消费者下次来店时,凭证兑换购物小票。

（5）若停电是在晚上,且时间很长,可考虑停止营业。如果在白天停电时间很长,可试着通知厂商将冷冻、冷藏品运回寄放,或者连锁便利店可彼此支援,暂寄其他店。

（6）电来时,室内灯已亮,三相开关箱内的开关每隔 30 秒开启一个,可视实际需要而决定先后顺序,单相开关则可依序慢慢开启。

◆ 怎样做好安全管理的准备工作?

（1）妥善规划。依据各项安全管理项目,做好事故预防、处理及善后作业的详细步骤、程序与注意事项。除了做成明确的书面说明之外,还可列出安全管理项目检查表,作为店铺工作人员作业的依据。

（2）定期教育。定期举办员工安全管理课程,以增加员工的安全常识、正确的处理作业、良好的道德观念,加强灾害意识和纠正错误的观念。

（3）定期演习。为使员工能充分理解并应用日常安全教育中所得到的知识,应定期举办各项演习,用来测验员工的安全管理能力和临场的应变经验。演习的方式可采取预先知会或临时通知的方式。

（4）定期检查。定期检查店铺内的各项安全设施的使用器械,对于老旧、损坏或过期者,应做立即的修复或更换。

（5）培养警觉心。养成员工发现问题马上反映的习惯。良好的保安警觉是减少意外事件发生的有力保证。

◆ 怎样应对安全管理疏失之处?

（1）沉着冷静。不管发生任何状况,必须保持沉着冷静的态度,凡事不可轻举妄动,保证自身安全为首要条件。

（2）迅速且适当的处理。根据事前所做的各项安全作业指示,分别各就各位,执行自己的任务。

（3）事故原因的追查。除了找出意外事件的导火线,对于导火线后的真正原因也须一并追查。

（4）责任的追查。清查相关人员的责任,不仅可以对尽职的员工进行激励,也可对失职人员有所警告。

（5）补救措施的建立。亡羊补牢虽然不能挽回事故所造成的损失，但是针对事故的原因，迅速建立各项补救措施，仍可避免日后发生类似的事件。

◆ **应对店铺事故有哪些原则？**

尽管事故的发生大部分都属于临时的状况，但是如果能够针对前文提及的各项安全管理项目，在平日做好事前防范工作，而在意外事故发生的同时，也能依据正确的作业程序来处理，也可将事故造成的损失降至最低程度。等到事故发生之后，也必须按照处理善后的工作，以加速重建和复原的工作。

有效预防卖场的各项安全管理是从业人员不可推卸的责任，除了须维护消费者的购物安全以及员工的工作安全之外，还可以减少店铺财物上的损失。为了确实掌握卖场各项安全管理，经营者必须归纳出相关的安全管理项目，从而编制"应变处理小组"和制定各项安全管理规划，对事前、事中、事后的应变作业程序，做成书面指示，作为员工遵循的依据。此外，除了各项安全设备应依照政府的规定于日后设置，并定期实施检查之外，员工的安全教育训练、演习，灾害意识和警觉性的培养也是不可忽视的一环。有了良好的事前防范，才能减少事故发生的机会或是当事故发生时，才可以迅速有效地处理以减少人员及财物上的损失，而每次意外事故发生之后，也必须追查事故发生的原因及责任，做好善后工作及各项补救措施，作为经验和教训。

十三、店铺的网络营销

◆ 什么是"网络营销"?

网络营销，在历史上第一次提供了使企业与其所服务的顾客之间的双向沟通关系的普遍实现由可能变为现实的有效方式。因特网的一个突出特点，就是具有在信息交流上的跨时空、低成本、高效率的即时交互性，即可在世界上两个不同地方的人之间通过因特网建立起一种"一对一"式的即时互动的双向沟通关系，并且企业在网上公关活动的几乎所有环节中都具有主动作用，为消除传统营销中交易双方在沟通上的距离和障碍，实现全程营销、彻底贯彻顾客至上的营销观念创造了条件。

网 络 营 销

店铺可以利用 E-mail、电子留言板、客户聊天室、网上产品论坛等方式来组织适合于不同客户的沟通，以充分实现企业与其所服务的顾客之间的"一对一"的即时交互式沟通，及时收集市场情报，进行其所服务的顾客个性化的定制销售，保证营销决策有的放矢、落在实处，同时也有助于及时实现企业间的相互协作和联盟；还可使消费者有机会对各家企业的产品和服务进行比较，在网上对产品从设计、包装、定价到服务等一系列问题直接发表意见，这将使企业的产品、形象、服务比传统营销更多更直接地置于广大消费者的考察、比较和监督之下，使消费者真正参与到营销活动中，以扩大企业的客户群和销售量，这是传统营销活动所无法实现的。

如：亚马逊还在网上开设了"读者书评"、"畅销书排行榜"、"续写小说"、"货比三家"等活动，使读者能够直接、迅速地参与到销售活动中，通过为顾客提供便利、高效的服务，培育了顾客对企业及其产品的忠诚度。

◆ 网络营销与传统营销的关系是什么？

网络营销作为一种新型营销方式，其网络技术上的优势只能看作是增强了经营者了解市场、服务顾客的手段，整个营销活动仍要受到市场营销的一般本质和规律的支配，仍然需要接受市场营销一般价值观的指导，即仍然要把"以消费者为中心"作为营销活动的核心价值观。但是这条供应链的原动力一旦变弱，整条链的高速运转将会放慢，各环节矛盾势必激化，整条供应链又将进入另一个新的过程。就整条供应链而言，若要在竞争中获胜，必须尽可能缩短磨合期，尽早进入正常运转阶段并保持高速发展势头，在原动力变弱时，整条供应链能借助外部条件迅速进入新的再造过程。

传统营销虽然信奉"以消费者为中心"的价值观，但事实上它并未能得到真正的贯彻，还带有相当的理想主义成分，这是因为要真正做到以消费者为中心，客观上要求企业与其所服务的顾客之间建立起一种长期的交互式的双向沟通关系，实现彼此间的信息交流，以使企业能够及时了解和跟踪消费者的需要和欲望。但由于传统营销在人力、物力、财力诸方面条件的限制，无法切实保证这种双向沟通关系的建立，结果使企业与消费者之间通常都只是以单向沟通为主，使得企业在产品、价格、分销及促销诸方面都无法真正适应和满足其所服务的顾客的需要。20 世纪 90 年代兴起的关系营销和整合营销等营销新观念，强调企业与消费者之间的双向沟通，力图克服传统营销中的单向沟通的缺陷，但这种努力在网络技术出现之前，都因成本太高等因素而难以奏效。

◆ 怎样通过网络营销塑造店铺形象？

网络营销的基础是店铺的形象和为顾客服务的质量，而这一切需要通过网络营销活动来实现。充分利用网络技术特点塑造店铺形象，为客户提供服务，是贯彻以消费者为中心的价值观的必然要求。网络的特点赋予网络营销多种传统营销所不具备的特点，除了上述的即时交互性之外，还具有跨时空性、多媒体性、拟人性、整合性、高效性、经济性等重要特点。网络上即时交互的双向沟通关系，可以加速信息在全球范围内的广泛扩展，从而为店铺的公共关系活动提供了无比多的机会。店铺可以在一切可能的时间和空间范围内开展营销活动，可以提供一年 365 天、一天 24 小时随时随地的全球性服务支持，可以不考虑有关地段、交通、客流量、店面等因素，建立起一个不受时空限制的网上虚拟店铺，从而使网络营销在服务顾客力方面远远超出于传统营销所具有的功能。店铺在网络上的营销活动，直接影响到顾客的感受和店铺自身在顾客心目中的形象。正如亚马逊网上书店总裁贝索斯所说："在网络上，如果你所服务的顾客觉得受到了冷遇，那他告诉的不是 5 个人，而会是 500 多个人。由此可见，网络营销比传统营销更为直接、迅速、广泛地影响着店铺在社会中的形象、信誉度、顾客满意度以及拥有的顾客群人数。正因为如此，与传统营销相比，网络营销需要店铺更加突出以消费者为中心的价值观，更加注重在消费者心中树立良好的社会形象，提高自身的信誉度和赞誉度。

在这方面，亚马逊书店的网上营销策略为世人树立起一个榜样，坚持顾客至上的经营理念，强调用七成的时间树立良好的口碑，而用三成的时间去宣传产品，并要求善待来访者，注重抓住顾客首次消费的机会建立良好关系，坚决履行对顾客的承诺。如果收到读者对公司服务上的批评意见或投诉要求，及时以签名信的方式予以道歉，即使读者的要求不甚合理也是如此。这种态度和作风，体现出"顾客永远是对的"的服务观念，赢得了顾客的广泛好评，使亚马逊的形象在顾客心目中深深扎下了根，现在亚马逊已拥有 200 多万的顾客群体。它还利用网络的优势建立起全天开放的虚拟书店，其虚拟的空间可陈列任意多的书籍，塑造了亚马逊全球性虚拟店铺形象,在全球产生了极高的客户影响力。

相比之下,我国一些店铺,虽然注重网络技术的创新,却忽视了网络营销活动的组织策划和店铺及其产品形象的塑造,尤其不重视售中和售后的方便服务及其宣传,所以难以赢得顾客的信任和满意,虽然光顾网站的人不少,购物的却不多。

◆ 怎样开设店铺的网站?

先做好市场分析,找出网站最佳立足点,如设立网站最佳成立时间、目标消费群、竞争对手的设定与观察、效果的评估等,愈详细的市场分析,愈能帮助经营者架设一个符合时空的网站。然后依据网站定位导入相关商品,依商品特性加以分类呈现,务必符合网站的经营形态,商品导入尽量符合营销策略,低成本,赠品独家,商家的选择也很重要,良好的商品能提升口碑,而消费者一旦在网站上购买到良莠不齐的商品,对网站的经营将会是一大伤害。接着进行配合新站成立的促销活动,如以消费满额送好礼、赠品搭送、开店抽奖等方式进行商品促销,同时,策略联盟也不失为一个良好的方法。另外,开设网站要注重消费者使用的便利性。

◆ 开设店铺的网站需要注意哪些问题?

(1)良好的网站名称:容易记,即可知该网站特性。

(2)在速度上不能太慢,以免阻碍消费者上网意愿。

(3)版面的设计上要符合网站经营特性与产品特性,并营造出独特的风格,避免日后大规模换版的设计。

(4)预留网站扩充的空间。

(5)网站游戏规则的制订,如会员制、购物积点等。

(6)可设立讨论区或留言板,提高来客率。

而一个网站成立,需先将本网站成立的定位、定义清楚作为日后所有相关策略拟定的依据,网站定位越清楚以后策略拟定越容易,消费者也越清楚该网站的经营特色,无论在商品的引进目标群的锁定或在宣传策略上,皆能一气呵成,更能建立一个专业的网站来锁定消费者的购物习性。最后进行网站宣传,在宣传上可采取以下几种方法:

(1)搜寻各大网站的网址,便利消费者上网搜寻。

（2）网站链接：与其他网站链接。

（3）广告：借传统媒体的广告方式，提高网站曝光率。

（4）活动：举办实体活动，发送宣传单或赠品，吸引人潮，制造话题性新闻，提高媒体持续报道概率。

（5）网站活动：自己在网站上办促销活动，吸引人潮。

◆ 网络销售有哪些类型？

（1）企业对企业的销售，由于此种购物类型大多为公司间的订单往来，量较大，因此，销售技巧在于对商品的说明与流程的控制，现在甚至有些公司有投标下单以及网上查询所购商品生产进度的服务，因此，公司对于客户所订商品能提供的服务说明非常重要。

（2）个人对个人的销售，例如一些跳蚤市场或是拍卖网站，由于本类网站大多开放给个人上网登记，商品并非绝对由网络提供，故上网登录者的资料应加以管理与设限，避免对网站形成负面影响。

（3）企业对个人的网络销售形态，例如网上购物、证券下单、网上资料库等都是其经营范围，也由于此种大多为企业设立的商业网站，以营利为目的，故销售技巧与管理最为重要。

十四、店铺的操作实务

◆ **怎样挖掘小规模店铺的潜力?**

　　一般小规模店铺在商品品种以及库存能力均比不上那些大的零售店,但只要小店巧妙地利用制造商的产品说明书,即可向顾客提供全套商品。小店可以在店内设一个供顾客阅览精美产品的说明书专柜。下面我们就讲一个小型家具店销售一套产品的例子:如有一家家具店虽然面积小,但营业额却极高,它就是利用产品说明书来进行销售。那么小的面积,摆上几件家具就已经塞得满满的了,这种状况无法满足顾客需求,该店在店堂内陈列了适量的家具,目的仅仅在于让外界知道这是一家家具店。经营者在墙壁上贴满了各种家具的照片,顾客看了这些琳琅满目的照片,就可以感受到该店的商品丰富。柜台放在商店深处,它占了营业面积的大部分。店员在这里接受顾客关于室内装饰的咨询来销售家具。靠壁而立的书架上荟萃了各制造商的商品目录、产品说明书,以促使顾客产生购买意向,事实上它的商品的制造商的陈列室在横滨,从该家具店驱车走高速公路,仅需30分钟,该店凭借自己的铺位优势,有效利用了制造商的陈列室。

◆ **怎样让店铺有个好主题?**

　　就店铺而言,有一个鲜明的能吸引人的主题可谓是极其关键的了。新店铺开业时，最适合建立主题店。因为经营主题店不像经营已有固定模式的商店那样需要经验积累。通常店铺经营者运用过去的工作经验、生活经验、兴趣爱好等即可创建主题店。主题店也是图书店的个性化战略中的一项重要的战术。店堂面积狭窄的中小规模的书店，不能与出售综合类图书的大型书店匹敌。因此，中小书店应出售限定在某一特定的主题范围内的图书。比如使书店集中于只销售供儿童阅读的书籍，使书店成为主妇和孩子们的社交场所或者成立一家为艺术爱好者服务的、专售艺术类图书和美术类图书的书，显然只要中小书店缩小经营范围，定位于某一主题，以专业性与大型书店抗衡，便可以从竞争激烈的图书市场上获利，而且随着市场细分程度的加深，这也必将成为一种潮流。

◆ **怎样经营快餐店**?

现代生活节奏加快，使人整天忙于工作，没有时间做饭，因此快餐店有广阔的发展空间。经营快餐店成本不大，获利却不小。因此，这门生意有不少赚头。开快餐店应注意如下问题：

(1)要选择交通要道附近，上下班的职工、学生、旅客路过的地方开店，才好赚钱。

(2)快餐店经营手法上宜薄利多销。只要不断有人光顾，不愁没钱赚。

(3)快餐店要突出快字不要让顾客等待太久，买单与取餐方便快捷，餐具最好是一次性使用，便于打扫。

(4)饭菜新鲜可口，荤素搭配适当，最好配以汤或者饮料。

(5)要注意店面设计，营造轻松的环境，使消费者容易进入。

◆ **怎样经营特色小吃店**?

特色小吃店的特点在小，品种在多。小吃，能满足顾客的口福，而又价钱适中，特别适合于工薪消费者。特色，最容易引起顾客的购买欲望，因此，不管在什么地方，特色小吃店都很受欢迎，生意兴隆。经营特色小吃店应注意以下问题：

(1)店址选择很重要，一般应选在繁华的、人多的地方。

(2)突出"特色"二字，食物在味道奇而不在数量的多少。引进外地的小吃品种宜尽量不要与本地小吃风味相差太多。

（3）特色小吃特点在"小"，品种则以多为佳，配成系列套餐更有吸引力。

苏格兰
打卤面

有什么特色饭？

◆ **怎样经营家电店**？

家电店指专营各类家用电器的商店，它可以是综合性家电商品，也可以是专营某种家电的商店。音响器材店、冰箱店等都属于后者。家电具有体积大、单位价值高等特点，因此家电相对其他而言需要较大的面积去陈列商品，资金投入较大；同时许多家电对环境要求较为严格，设施投资要占一定数额；家电店经营弹性较大，适应潮流会出现经营高潮，不适应潮流就会平平淡淡，甚至破产倒闭。经营家电店者必须有较丰富的专业知识为顾客提供技术及使用上的指导以及送货上门、安装等服务。

◆ **怎样经营食品店**？

从某种意义上来说，食品店是历史最悠久的店。食品店投资少、风险小，但毛利率也稍低。好的位置是人口密集的居民区。食品档次逐渐拉开，经营何种档次的食品要依据所在居民总体消费水平进行选择。开办食品店非常辛苦，从早忙到晚，并要与各类人打交道。食品具有易腐烂的特点，储存商品的仓库和柜台常需要配备冷藏设施并且应注目于那些顺应健康绿色、快捷等大潮流的商品。 以下两种是不错的选择：

（1）保健食品。随着人们生活水平的提高和生活节奏的加快，越来越重视身体保健。加之，随着工业文明而出现的新型疾病对人体的危害很大，迫使人们不得不增强自我保护意识。因此，保健食品店会在中国有一个较大的发展，竞争也会日益激烈。

（2）儿童食品。儿童食品是一个永远都不会衰落的行业，并且社会越进步，此项花费越大，尤其是在实施独生子女政策的我国，儿童比较受宠爱，家长也乐意为儿童购买更卫生、更有营养价值的食品。与儿童健康益智相联系的食品，更具有光明的前景。

◆ 如何经营渔具店？

渔具一般包括鱼竿、钓线、浮子、饵、小网以及渔桶等等。钓竿多为竹制，也有玻璃纤维竿，现在档次高的钓竿都是带有伸缩便携性能的铝合金或是特制的。钓线一般是尼龙线、细弦线、麻线、野蚕丝等。鱼钩有海钩和淡水钩两大类，海钩有几十种类型，淡水钩有长柄、短柄之分，又有圆头、方头、鹰嘴、驼背等类别。鱼坠是用铅制成的。 在内陆城市的渔具店，主要应经营适合淡水用的渔具，沿海城市可以同时经营海钩和淡水钩等。渔具店要适销对路，开店者自己就应该是钓鱼爱好者，对钓鱼有浓厚兴趣和良好技术。渔具店经营者必须掌握社会的流行趋势，许多人醉翁之意不在酒，只为享受悠闲生活乐趣，因此，经营渔具要在店内摆有不同档次的钓具。目前，有些渔具店经营只经营高档渔具也不是明智之举，一些价廉实用的钓竿也会起到招揽顾客的妙用。渔具经营者还要放开思路，并且店主在经营渔具同时可以出租，这也是生财之道。开渔具店要与一些渔具厂建立业务联系，千方百计降低采购成本的同时还要注意积压的问题。

◆ 如何经营甜食店？

甜食是老人和小孩都喜爱的食品，只要不是粗制滥造，极容易被消费者接受。甜只是一种味道，其实不然，配以桂花、冰橘、果仁、果脯、奶油等材料，或选用红豆、莲子为原料，则可以做出五花八门的风味甜食。经营者注意以下事项，方可保证不赔。

（1）食客的选择应以孩子或恋爱中的青年男女为主要消费对象。甜品款式应多种多样，且应当随时备有现货供应。

（2）选择地址应特别讲究。应设在消费能力较高且学校集中的地区，或者文化娱乐区等。切忌开在平民区内或者政府机构人员进出的社区。开设在青少年集中出没的地方最为理想，如网吧附近等。

（3）甜食店最好聘请甜品师傅主理，而且甜品制作工艺、造型设计上应不断有新的创意以满足青少年的好奇欲望，记住甜食容易腻人但又诱人，所以应在款式上多下功夫。

（4）在个别地区，甜品店也可适当保留些传统甜品如芝麻糊、绿豆沙等。孩子是甜食店的忠实顾客，因此在服务态度上，应当慈善仁爱，即使孩子有所冲撞，也不必太多计较。

◆ **如何经营特色面包店**？

特色面包店的消费者主要是孩子和青少年，面包是营养价值很高的美味食物，而且易于吸收，所以颇受食客喜爱，老少皆宜，年轻人尤其喜欢食用。面包的市场广阔，只要经营得法，没有不赚钱的。

面包店有两种经营方式：一种是向面包厂商批发购入；另一种是自产自销。后者的利润较高，现在那种店后烤制店前销售的面包房日渐增多，很受居民欢迎。经营面包店应注意以下要点：

（1）店址应选在方便食客的居民区、集市、学校区、娱乐中心商业区，但一般不宜设在商场内。

（2）面包款式宜新，而且富有特色，能引起消费者购买欲望。味道宜多种多样，如甜味、咸味、淡味等均有，而且条件许可的话可加些果酱、奶油、色拉油等，但以不腻为好。

（3）面包排列分门别类，摆放整齐，让顾客一目了然，方便挑选。售货方式以自选为主，店员不要代客挑选。

（4）面包上应当在醒目的地方标明食用保鲜期限。切不可将过期的面包售给顾客。若条件允许，零售店每天推出新鲜面包，也会很受欢迎的。

（5）面包的主要消费者是孩子和青少年，因此，服务态度至关重要。另外面包店可配备些冷热饮品，供食客选用。

◆ **怎样经营美发店**？

随着人们对美的追求，美发店已经成为人们生活中不可缺少的一部分。美发店的经营注意以下几个方面：

（1）选好店址。居民相对集中的地点是最佳的地点，商业区、各种娱乐场所、商业服务中心、工厂区，也是理想场所。

（2）店内装修整体格调宜简洁、舒适。工作镜与座椅之间距离适中。

（3）店员选择宜分大、小工两种。大工即发型师技艺要超群且能说会道。小工、服务小姐宜相貌俏丽、活泼热情。

（4）店外要适当打出美发标志，强化宣传。

（5）讲求质量和服务态度以及适中的价格。好的发型师能掌握一批熟客。

（6）开美发店的同时，可兼做些美发用品生意。这样既可降低成本，又可以增加收入。

◆ 怎样经营美容店？

美容风气兴盛，越来越多的女性重视自己的仪容，对于这方面的花费，往往一掷千金，在所不惜。但许多女性平时工作繁忙，难得抽空上美容厅，所以，开设方便她们的夜间美容预约上门服务项目，市场潜力广泛。从事美容业，应把握以下几点：

（1）从业者应有过硬的美容技术。如果参加过著名美容院学习班，持有名牌文凭，则最具有说服力。

（2）从业者应持有必要的方便快捷的通讯联络工具。即使顾客只是随便问问，也应不厌烦。

（3）预约上门应准确及时，迟到或过早到达都会令人不快。

（4）美容工具不必太多，一部蒸汽喷雾机、激光电疗机、真空吸管器和一些小器具。

（5）服务态度要好，服务过程要细致认真，一丝不苟。良好的口碑是拓展业务的重要源泉。

（6）预约上门美容服务要做好宣传工作。收费标准可视服务项目及往返路程而定。对顾客应详列收费标准，以免产生误会。

◆ 怎样经营玩具店？

玩具店的市场潜力相当大，因为现在的孩子较少，家长都对孩子的成长倾注了极大心血，很乐意买对开发孩子智力有益的玩具。而且时下各种科技都应用到玩具上面，各种兵器模型、电动车、遥控的电子玩具以及智能娃娃等层出不穷，对孩子有极大吸引力。玩具店经营者要达到成功经营的目标须注意以下几点：

（1）经营品种宜以孩子容易入迷，非让大人购买的种类为主，如电子游戏类。但要把握季节促销如元旦春节、六一节是旺季，销售额较高。

（2）前提是玩具不是伪劣品，否则会失去回头客，短期让你忙于削价处理，长期可能会倒闭关门。店铺要营造

一个开朗、快乐、亲切的氛围，从而让孩子乐意常来。

（3）随时把握玩具流行趋势。小孩子往往对新奇的东西感兴趣，喜欢和厌恶某件东西都很快，要始终把握儿童这种心理，这就要求店主随时保持敏锐的头脑。留意电视上的动画片、卡通片，一些厂家会很快生产出相应的产品，因此，进货要及时准确。

（4）玩具的体积不要太大。太大了易占店面体积，同时小孩玩起来不方便，小巧玲珑、新奇的玩具较受欢迎。

◆ 怎样经营首饰店？

改革开放以来居民消费的提高使人们有钱佩戴珠宝饰品。同时也使人们产生了投资珠宝，实现保值的欲望。而且珠宝饰品以其名贵、稀少和无法比拟的独特魅力，颇受广大消费者青睐。珠宝物小价昂的特征，使得它既便于收藏，又可以应付通货膨胀。并且珠宝年年增值，是财产的一个极有用的保值品。因此珠宝市场在很短时间内便在我国繁荣起来。

现在的珠宝市场开始形成，人们的消费向多样化发展，玉、钻石、红宝石、蓝宝石、祖母绿等都颇有市场。有些顾客还以珠宝来显示自己的地位、身份和财富，首饰店经营者更能为此潮流大发一笔。经营珠宝首饰，必须要具有相关的专业知识，很多经营者本身就是鉴赏家。只有这样，才能保证珠宝的品质和货真但应当引起注意的是，目前我国的珠宝市场比较混乱，我国尚缺少珠宝玉石的名称标准和鉴定标准，而且首饰店的成功重在信誉。经营者必须保证珠宝的品质和货真，因此专业知识必不可少，许多成功的

首饰店经营者都是本行的高手。另外珠宝具有体积小、价值大的特点，这一方面可以节省店堂面积，但另一方面又极易发生失窃现象。如今珠宝店不需要大的营业面积，却需要好的营业场所。

◆ 如何经营时装店？

近些年来，随着生活水平的提高和自我意识的强化，人们对服饰日益讲究起来，时装店和时装厂家应运而生。时装店也正在进入一个新的发展阶段，时装店一般需要较大的投资，最好位于繁华的商业区或者主要的街区。经营的品类注重流行趋势和较高的格调，利润同时实现在经营中。应及时处理过季和过时的服装，否则会使商店陷入困境。由于需要不断进货，因此，时装店会有一定存货，个人的销售能力及时装款式也是声誉好坏的主要原因。时装店要抓住某特定对象的品味，店面风格与服装款式要别致，经营者采购时主观意识不能太强而应以顾客为导向，多进些好卖的东西才不至于存货、压占资金，进而影响商店效益。对时装店来说，服装的陈列是一个很重要的内容。在服装陈列上，经营者既要重视服装的全面出样陈列，又要讲究服装有选择地布置。

◆ 经营服装店需要注意哪些问题？

在陈列服装的选择上应该根据商品的库存、季节时令变化等实际情况进行安排，考虑以下几个方面：

（1）选择反映店经营特色的服装。有的以男士西服见长；有的以女士时装新颖见长；有的则以经营特殊体型的中老年服装见长。通过样品的选择，可以使顾客了解服装的特色，可以帮助顾客有目的地进行选购。

（2）帮助顾客了解新花色、新款式的服装。对这类服装，要积极出样陈列，帮助消费者了解服装的款式，从而为这类品种打下销路，不断扩大其销售量。

（3）货源充足而需要大力推销介绍的服装。此类服装也要做陈列工作，目的是为了沟通产销渠道，加速资金周转，调整库存，促进销售。

（4）提醒顾客及早选购的季节性服装。由于服装的季节性强，所以服装的选样陈列工作就要做得早些。

◆ **如何经营礼品店**？

　　一家礼品店只要位置选好，比如医院、学校、车站附近、商业购物中心或闹市区等，又经营得当，定会大发其财。特别是现在，人们比较注重生活质量与精神需求，礼品有极大的市场潜力。

　　礼品店的外观装潢，越是耀眼越好，以便能最大限度吸引顾客的视线，并可以在上面写一些温馨的祝福词。就开办资金而言，礼品店较为灵活，如果开店初期你的资金很紧张你可先经营一些普通而精致的礼品如贺卡、情人卡、小工艺品等。如果资金充实，则可经营中高档礼品。但在经营这类中高档礼品时，一定要分析礼品店所处位置和服务对象是否适合经营这类礼品。教师节、情人节、圣诞节及中秋节，总之要在一年四季中人们习惯认为的吉祥日子你就应该事先准备相应的礼品而这礼品如何包装如何组合，你都要精心策划准备。

◆ **经营礼品店需要注意什么问题**？

　　礼品店的特色很重要，可以表现在你经营的礼品种类和式样上的丰富多彩；也可以表现在你的礼品组合和包装上，比如说你可以把各类的礼品分成不同的组，然后配一句优美的祝福或一句优雅的诗，或者在不同的礼品上用丝带系上一个小卡片，再在卡片上发挥你的想象，配上优美的祝福语，同时礼品店的特色还可以表现在你的服务上，你可以根据顾客的要求，开展为顾客送礼上门或者为顾客出主意、为顾客创意礼品组合等项目上。

　　礼品店经营者一定要配合各种节日和一年四季的变化而不断更新和变换礼品，只有这样，你的礼品店才会活泼，才会有活力，才会不断吸引更多的顾客。礼品店其他的经营技巧还有许多，例如同一样的礼品应有不同设计的礼品盒，供不同身份、不同要求的顾客选择，每一份礼品应明码标价，给人一种诚实的信任感。此外，也可指导顾客按其喜好搭配、包装礼品，让其多一份参与感。

◆ **怎样经营图书店**？

　　小型图书店虽然很难与大型书店相抗衡，但只要把握好其经营方向及方法，也必定会获得市场的认同。我们应该注意以下几点。

　　（1）根据本地区顾客的特征，如文化程度、读书喜好、经济收入等，确定专业化服务内容,比如一些居民小区以文化生活专业技术为主。

(2)图书宜针对性强。要少进勤添,不要造成积压,给资金流动带来困难。

(3)要与批发商协商好关系,争取代销或经销或经销包换,减少资金的积压和非营业亏损。

(4)陈列书籍应干净、整洁,新书要专门陈列于醒目处。

(5)不要坐等顾客上门,要善于主动向外推销,并要做一些宣传广告。

(6)服务要热情友好,让顾客有宾至如归的感觉并积极解答顾客的咨询。

◆ 书店怎样经营畅销书?

(1)开店地址。要根据开店地址的不同,选择不同品种的图书。

(2要把握好进货品种进货不能以自己的口味为准要以大众口味为主。很多畅销书是伴随电视剧而生的,因此你一定要注意留心观察,小说改编的电视剧,如电视连续剧《乔家大院》等的播出,造成同类图书的畅销。还有一些畅销书是伴随重大事件和人物而产生的,故也要留心国内外的重大事件。

(3)还要对畅销书是否畅销加以辨别。有些畅销书目时间性很强,过了某段时间就不好销。故在进货数量上应把好关,以免积压成滞销书。而有一类畅销书,不仅畅销,而且常销,这类书在进货时可考虑多进一点。这类书一般都有个特点,不是娱乐性的,而是实用性的,比如有关中学生作文写作的《中国中学生作文大全》、字典和有关婴幼儿育养的等。

◆ 怎样经营报纸?

卖报主要靠批零差价,每张报纸的利润并不同,但投资少、风险小,如果位置优越,经营方法灵活,每天收入也不菲,下面是一些经营技巧。

(1)选择发行最好、深受读者欢迎的报刊。如晚报、广播电视节目报、球迷报、文摘报等。同时报纸讲究"新"、"奇",故不要将隔日的报纸摆在摊上。

(2)亮开嗓子吆喝。先把报纸浏览一遍,找出最吸引人的文章,把它们的题目编成顺口溜,大声吆喝来吸引顾客。另外再琢磨一下报纸的摆放方法,把文章的大标题、照片等醒目的地方露出来,有了听觉和视觉的双重冲击,对行人就有一定的影响。

◆ 怎样经营音像店?

对音像店来说,位置极为重要,应该在人多的商业区,在人们常来常往的地方开设,最起码也要让人们看到。

音像店可以经营音乐磁带、激光唱盘、唱片、录像带等,品种要齐全。在品种的比例上,流行歌曲应占有相当大的比重,因为音像店的顾客以年轻人为主,他们是流行歌曲的爱好者,当然了,假如你确定只经营民族音乐或西方古典音乐同样可以获利的话,也可以不为其所拘。唱片的比重可以占较小的位置,如果你懂得音像制品的发展趋势,就会知道唱片势必会被激光唱盘所取代。虽然激光唱盘目前价格偏高,但其未来的经营价格肯定会降低。

◆ 经营音像店应该注意的问题有哪些?

装修应以明快的风格为主,可以在商店的橱窗中用磁带布置,粘贴明星的宣传海报、贴画等。若是播放与店经营相适应的音乐,也可以改善氛围,从而有效地吸引顾客前来购买。

在经营方法上可以多种多样。经营者可以采用会员制,凡参加者均可以享受优惠价,也可以优惠顾客。凡购买几次者可以赠送一些小的纪念品。你付出不多,却可以赢得顾客。所以,经营方法是关键。另外,可以经营与音乐有关的物品,比如空白磁带、清洗剂,他们也能获得利润,这就是所谓的附带价值。

此外,价格是一个影响营业收入的因素,可以寻求稳定的货源,以及在价格上击败竞争对手,另外要紧密关注市场动态与影响潮流,抓住热点,只要有卖点的音像制品就要迅速买进。

◆ 怎样经营鲜花店?

时下鲜花在生活中已不是罕有之物了,尤其是随着观念的更新,收入的增加,送花已经成为人们交际来往的常用之物,尤其在情人节,到处可见花童手捧鲜花以图发一点"爱情财"。

鲜花店的位置最好选在商业区和文教区等地,鲜花店特别讲究风格和品位。因此鲜花店的布置及花艺设计师的手特别重要。而一般店主对花艺技术都有一定掌握,其插花手艺也比较高。花店的布置、基调要温馨浪漫或优雅。因此花店门边的装饰和花卉的摆放就特别重要,透明的玻璃也必不可少,要让人们从路边一眼就能看见里面耀眼夺目的鲜花,当然花店的业务不必局限于只卖些鲜花,也可以经营花盆、盆栽和插花材料等。婚丧吉日、公司开业、宴客会场等场合也是花店重要业务来源。鲜花店还可以开展电话预订鲜花业务,而那些足够规模的鲜花经营店,除有专人设计、采购、运送以外,还有专门联系业务的人员。

◆ **经营鲜花店应该注意的问题是什么？**

鲜花店的经营有两个方面值得关注。

(1)由于鲜花寿命短暂,易凋谢,若不能及时卖出,经营者损失会较大,但若用冰箱会影响鲜花的新鲜度。因此,唯一能采取的办法是少批量,多批次,而在特殊节日,比如情人节,尽量多批发一些以供需求。

(2)鲜花的来源问题。通常花店经营者都需要有自己的供应者,并且经营一般不太稳定,像情人节、母亲节,以及一些吉祥的日子,都是花店旺季。在这些日子,进货量必须增大,而供应商却不一定增加,使得鲜花价格猛涨。而有的顾客在情人节坚持要用红玫瑰,母亲节要用康乃馨,所以鲜花店要努力解决处理好顾客及供应者的关系问题。

◆ 怎样经营乐器店?

随着物质生活的丰富,我们对艺术文化的追求越来越重视。近年来趋势更为明显,尤其是音乐方面,乐器的销量大增,这就为经营乐器提供了一个很好的契机。乐器店经营者要坚持以顾客为导向提高对音乐的鉴赏能力,并定期开设乐器研究讲座,以吸引更多的人参与,在介绍乐器的过程中,使之产生浓厚的兴趣,进而购买乐器。举办这类活动时,聘请乐师的费用很高,亦可自行举办比赛,以较丰富的奖金和奖品吸引参加者,另一个比较好的办法是为中、小学提供乐器学习课程。对店铺名声有极大的宣传作用,对以后他们的选购行为有极大的好处。

十五、店铺的连锁经营

◆ **何谓"连锁经营"？**

你自己或许开了一个店铺，不管你的店是夫妻店还是雇用了不少人的诸如餐馆、美容美发店之类的店铺，你是否总是有力不从心的感觉？资金筹措困难，商品销售方式单一，面临着强大的竞争压力，这是否使你感到苦闷？

这时你不妨转变一下思路，不妨加入一个信誉良好、资金雄厚的厂商或零售商的连锁体系，所有开业经营以外的一切事情无须再发愁，你仍然是自己的老板，你只需一门心思搞好自己的销售，进货库存等诸多麻烦均由总店来做，招工由总部统一进行，你只要努力经营，借加盟连锁店的声势，你的利润便节节上升，致富可谓易如反掌。

你想发财，又苦于无独立创业精神或者有钱无处投资，那么开一家特许经营店会遂你所愿。你只需交纳一定费用，盘一处店面，借助于特许权所有者所给予的特许权，利用他的商标、商品和店名，你将大大降低投资风险，又降低个人在商海中独自打江山的风险，因此你或者开一家名牌商品专卖店或者开一家"狗不理"包子铺，都会给你带来无穷机会。

◆ 什么是正规连锁？

正规连锁又称"联号商店"、"公司连锁"，根据国际连锁店协会的定义，正规连锁指以单一资本直接经营几个以上店铺。

这种连锁形式有很多好处。由于这种形式使得所有权和经营权高度集中，因此可以统一调动资金，统一经营战略，统一管理人事、采购、计划、广告等业务，能凭借大规模的资本力同金融界生产部门打交道，取得贷款和进货方面的优势，同时只有一个决策单位负责决定各自连锁店的产品种类、商品价格及一致的促销手段，使消费者更易增强对连锁店的印象。

◆ 什么是特许连锁？

特许连锁又称"合同连锁"、"契约连锁"，其核心是特许权的转让，加盟店通过与总公司签订合同，可以使用总公司的商标、商品名称、商店名称，但同时或按销售额或按店铺面积向总部交纳加盟金、特许权使用费和广告促销费。

通俗地说特许就是卖牌子，牌子本身必须有一定价值，同时还得保证别让人砸你自己的牌子，反过来，你若加盟特许经营，那就得选择信誉高、名声好的牌子。

世界上最负盛名的麦当劳、肯德基快餐连锁可谓特许连锁的典范，北京许多麦当劳店都是特许加盟店。

◆ 什么是自由连锁？

自由连锁又叫自愿连锁，在连锁店的三种形式中其组织紧密程度最为松散。各加入连锁的店铺保持各自的独立性，并统一由连锁店的总部指导和管理，实现共同经营、集中采购、统一经销。

由于总部与各店的资本分属不同，因此各加盟店的所有权和经营权相对独立，各分店不仅独立核算，自负盈亏，人事安排自主，而且在经营品种、经营方式上也有很大自主权。这种连锁组织的紧密程度虽低，但是其仍具有连锁组织的集团优势，在提高规模经济效益、开展信息系统应用和提高经营管理水平方面具有单个商业者所没有的优势。

◆ **选择连锁形式要考虑什么因素?**

三种不同形式的连锁都有各自的利弊,由于所处的位置不同,对利弊的分析也各有差异。例如特许连锁对于特许权拥有者来说,是发展繁衍的良好方式,对于特许权购买者来说,是创业起步的登楼之梯,到底哪种形式的连锁店最适合你,每个店铺每个商人都必须综合考虑。连锁总部发展各种形式连锁店所具备的条件,具体而言,如选择正规连锁,则总部应具有规范化的经营制度,商品管理系统以及开发本公司商标的商品能力。如一些知名度高的商家,这样的公司实行正规连锁是切实可行的。如果店铺规模小,竞争力较弱,为了提高竞争力可以选择自由连锁,如果中国的众多个体商店走这一条路,可以取得良好的规模效益,与大规模零售店竞争。

◆ **我国目前急需发展的连锁商店类型有哪些?**

我国目前急需发展四种类型的连锁商店:

①以经营粮油、食品、杂货为主的便民连锁店;②超级市场连锁;③大中型百货商店连锁;④以经营精品和名牌商品为主的专卖店连锁。以上四种以便民连锁与超市连锁最有前景。

◆ **连锁店筹备期要做哪些工作?**

按工作性质与内容的差异,开设新店筹备期间主要有如下一些工作。这些工作的实务技巧,本书前面已详加介绍,本节只列出目录。

(1)明确经营方针。商店定位,确定新店属于何种类型的连锁店;顾客定位,确定主力顾客群;商圈定位;竞争对手定位;商品定位。包括大类范围、商品挑选度、主力商品设定;服务定位。设计配套服务项目与水平;价格定位;装修档次定位;销售方式定位;今后几年经营管理配套发展设想等。

（2）商品采购。收集有关厂商、供应商资料;提供详细的商品经营目录,供总部审核;提出供货时间、数量。

（3）制定商品陈列方案。货场布局设计;商品分类摆放方案。

◆ 连锁店怎样选择采购方式?

各分店铺用联购分销的方式,通过大量采购而获得价格优惠。这种集中组织进货的方式有许多优点,如有利于统一装运、编配和控制存货;有利于直接与国内外厂商建立业务联系;有利于节省大量采购员及其费用开支。但是由于许多连锁店分店数量多,分布较广,集中统一采购比较困难,因此要求实行一定程度的自由采购,以保证分店的灵活性。由总店购进的商品,由配送中心按时发送到店,也可由厂家直接送往分店或分店前往取货。

具体进行采购时,可将全部分店按地理位置划分为若干区域,每个区域拥有若干分店和一个地区总店,实行连锁总部集中采购与地区总店采购相结合的组织形式。也可根据商品的产地、质地、品牌差异实行分类采购,当地生产、当地销售的商品由各分店自己采购,而专利商品、名牌商品、自有品牌商品则仍由总部集中进货。

◆ 连锁店怎样选择购货渠道?

商品种类齐全是每一个商店的目标,这使顾客有了更多选择余地,能满足不同消费者各种消费层次的需要。因此,连锁店如何选择商品、组织货源对自身的生存发展非常重要。

连锁分店的货源有两种。一种是自有货源,一种是外部货源。

外部货源的渠道一般有制造厂商、提供不同服务的批发商、一般代理商与经纪人。

一般而言货源越广,对进货者越有利,因为这有助于进货者采购到价廉物美、适销对路的产品。但是货源也不能太分散,因为太分散对每个渠道的进货量较少,在采购谈判中丧失了大量采购所带来的优势。

选择货源时,应考虑到供货者的信誉,供货者是否诚实,供货者提供的商品的价格与质量是否合适、合格，供货者的供货能力能否满足采购要求，供货者能否提供装运、储存服务，能否定期结算，能否退换货物，还要考虑供货商商品的知名度，他能否授予采购者独家经销权等诸多方面的问题。

◆ 连锁店怎样进行采购？

连锁店销售的商品种类多、数量大，每种商品的卖点随时间不断变化。因此确定合适的采购时间非常重要。

比如日销量大的商品，如食品，需经常及时进货，每日进货一次或两次；日销量小的周转速度慢的商品，采购间隔时间相对拉长。

又比如已知某些商品到一定时节便销售火爆，如夏天的凉鞋、T恤衫，冬天的羽绒衣、滋补品等，应在销售旺季前一次订货，旺季时分批交货的方法。保证季节性商品在旺季拥有大量的货源，而在淡季保持最低存货量甚至是无库存。

ABC分类采购管理法，就是按一种商品进行价值分析和重点控制，以优化采购的有效方法其基本方法首先将商品的品种和价值按照一定标准，将全部商品分成三类：

A类、B类、C类。A类指占全部品种数的5％～10％，销售额占70％～80％的那类商品。

B类指占全部商品品种数10％～20％，销售额占10％～20％的那类商品。

C类指占全部品种数70％～80％，而销售额只占5％～10％的那类商品。

◆ 针对不同分类，应该采用怎样的管理方法？

对于A类商品，要在测定存货控制标准、采购时间和采购批量的基础上，尽量减少采购次数，宜以分批交货的方式办理，即一次订购、分批交货。这样既可节省采购成本，也不会导致存货的大幅度增加。至于遇上能提供充足货源和优惠条件的供应商，则应尽量与其签订长期购货合同。B类商品除了零星采购外，对于经常购进且能利用长期报价采购的方式，一般应通过连锁总店集中采购，以简化采购手续。C类商品由于很难定出一个明确的质量标准，制造商也多不愿直接供应，所以可以在调查供给能力和产品质量的基础上,选定若干家特约供应商,在需要时以叫货的方式组织采购。在这里,重要的是在事前与供应商充分沟通,强调不是一次性交易而是长期交易。如果价格不是相差很大的话,原则上就从选定的特约供应商那里进货。

◆ 连锁店怎样进行库存管理?

(1)商店统一进货或自购商品后,一部分商品直接放到货架或柜台销售。其余部分应有自己的周转库,保持合理的库存;既能保证满足顾客需要,又可防止商品脱销断档,且可随时盘点,处理多余存货,加速资金周转。保持合理库存通常有三种方法,即定额控制法、ABC管理法、保本分析控制法。

(2)验收和盘点。为加强商品管理,保证商品数量和质量,维护连锁店的形象,减少商品的损失,从商品进店开始到入库、上柜,各环节都要进行验收,以明确经济责任,验收要做到及时、准确。根据商品的性质和包装不同,可采取不同的验收方法,但要有具体的验收细则和标准。验收时,如发现不合质量标准或过期、数量差错、残损变质的商品,应拒收或登记处理。

◆ 连锁店怎样选择合适的销售方式?

目前连锁店采取的销售方式主要分为两大类,一类是开架式售货,包括敞开式和半敞开式售货,当然也包括自选式售货;二类是封闭售货方式。连锁店无论采取哪种销售方式,对所有的加盟店都应采取同一销售形式。

(1)开架式售货,指营业员与顾客在同一活动地活动,无相隔界线,顾客可直接接触商品;半敞开式售货介于封闭和敞开式之间,用柜台货架、工作台布置一定范围的售货现场,顾客可进入挑选商品。我国许多商店的服装销售采取的正是这种方式。这种方式有利于顾客了解商品。

(2)封闭式售货,即传统售货方式,由营业员在柜台内为顾客拿递商品。常用于零星细小、交易繁琐、挑选性不强和细小贵重的物品。如金银珠宝、直接入口的食品都用此销售方式。

◆ 连锁店促销方法有哪些?

(1)购物赠券法。当顾客一次购物或累计购物数,达到一定数额时,附送可以兑换成商品的赠券。这一手法的目的在于鼓励顾客重复购买。采用这种手法促销，赠券的起点不能太低，否则既不能弥补成本，也不能达到刺激购买的效果。在不得已停止赠券时，连锁商店通常应辅以一定时期的减价销售，以平衡顾客的心理。此外，连锁商店应严格赠券管理制度，以免员工做手脚，假公济私。

（2）顾客竞赛。顾客竞赛的目的在于引起顾客的兴趣，激发其参与热情，以提高商店的知名度。如凭技巧竞赛，像烹调大赛、厨艺大比拼等。

（3）销售示范。凡商品性能适宜进行示范的，如服装、厨房用具、玩具等，应经常利用示范手法，以生动活泼地展现出商品的使用方法。

（4）赠物。赠物手法可具体分为两种：一是广告赠物，即顾客不论购买与否，只要持连锁商店广告或广告回单，即可领取赠品，目的在于取悦顾客，树立商店形象；二是购物附送赠品，即顾客必须购买某些商品或购买商品到一定金额，方可得到一份赠品。

◆ 连锁店怎样提高服务质量？

连锁店通过销售职能不仅向顾客出售商品，也为顾客提供各种服务，服务始终贯穿在销售过程的始终，服务态度、服务质量直接影响着顾客的满意度，决定着回头客的多少，服务质量如何提高，建立统一、规范化的服务满足顾客的需要。要达到这一标准，商店必须认真制定各类服务人员的工作职责和岗位操作规范，以及严格的奖罚规定，并有专人负责监督执行，保证按规定办事，如石家庄的36524连锁超级店铺在这方面做得比较有代表性。他们先后制定和实施了"场务员岗位规范"、"收款员岗位规范"等，这些制度对店铺各岗位有明确的要求标准，指导各类员工做好本职工作，礼貌待客，明确了各工作岗位的检查标准及奖罚标准，使文明服务有章可循。36524规定公司的各分店都严格按照服务标准开展服务，力求统一规范，使顾客无论在哪个分店都能享受到同样规范的服务。

附　录

◆ **税务登记管理办法**

第一章　总　则

第一条　为了规范税务登记管理,加强税源监控,根据《中华人民共和国税收征收管理法》(以下简称《税收征管法》)以及《中华人民共和国税收征收管理法实施细则》(以下简称《实施细则》)的规定,制定本办法。

第二条　企业。企业在外地设立的分支机构和从事生产、经营的场所,个体工商户和从事生产、经营的事业单位,均应当按照《税收征管法》及《实施细则》和本办法的规定办理税务登记。

第三条　县以上(含本级,下同)国家税务局(分局)、地方税务局(分局)是税务登记的主管税务机关,负责税务登记的设立登记、变更登记、注销登记和税务登记证验证、换证以及非正常户处理、报验登记等有关事项。

第四条　税务登记证件包括税务登记证及其副本、临时税务登记证及其副本。

扣缴税款登记证件包括扣缴税款登记证及其副本。

第五条　国家税务局(分局)、地方税务局(分局)按照国务院规定的税收征收管理范围,实施属地管理,采取联合登记或分别登记的方式办理税务登记。有条件的城市,国家税务局(分局)、地方税务局(分局)可以按照"各区分散受理、全市集中处理"的原则办理税务登记。

国家税务局(分局)、地方税务局(分局)联合办理税务登记的,应当对同一纳税人核发同一份加盖国家税务局(分局)、地方税务局(分局)印章的税务登记证。

第六条 国家税务局(分局)、地方税务局(分局)之间对纳税人税务登记的主管税务机关发生争议的,由其上一级国家税务局、地方税务局共同协商解决。

第七条 国家税务局(分局)地方税务局(分局)执行统一税务登记代码。税务登记代码由省级国家税务局地方税务局联合编制,统一下发各地执行。

第八条 国家税务局(分局)、地方税务局(分局)应定期相互通报税务登记情况,相互及时提供纳税人的登记信息,加强税务登记管理。

第九条 纳税人办理下列事项时,必须提供税务登记证件:

(一)开立银行账户;

(二)领购发票。纳税人办理其他税务事项时,应当出示税务登记证件,经税务机关核准相关信息后办理手续。

第二章 设立登记

第十条 企业。企业在外地设立的分支机构和从事生产、经营的场所,个体工商户和从事生产经营的事业单位(以下统称从事生产经营的纳税人)向生产、经营所在地税务机关申报办理税务登记:

(一从事生产经营的纳税人领取工商营业执照(含临时工商营业执照)的,应当自领取工商营业执照之日起 30 日内申报办理税务登记,税务机关核发税务登记证及副本(纳税人领取临时工商营业执照的,税务机关核发临时税务登记证及 副本);

(二)从事生产、经营的纳税人未办理工商营业执照但经有关部门批准设立的,应当自有关部门批准设立之日起 30 日内申报办理税务登记,税务机关核发税务登记证及副本;

(三)从事生产、经营的纳税人未办理工商营业执照也未经有关部门批准设立的,应当自纳税义务发生之日起 30 日内申报办理税务登记,税务机关核发临时税务登记证及副本;

(四)有独立的生产经营权、在财务上独立核算并定期向发包人或者出租人上交承包费或租金的承包承租人,应当自承包承租合同签订之日起

30 日内,向其承包承租业务发生地税务机关申报办理税务登记,税务机关核发临时税务登记证及副本;

（五）从事生产、经营的纳税人外出经营,自其在同一县（市）实际经营或提供劳务之日起,在连续的 12 个月内累计超过 180 天的,应当自期满之日起 30 日内,向生产、经营所在地税务机关申报办理税务登记,税务机关核发临时税务登记证及副本;

（六）境外企业在中国境内承包建筑、安装、装配、勘探工程和提供劳务的,应当自项目合同或协议签订之日起 30 日内,向项目所在地税务机关申报办理税务登记,税务机关核发临时税务登记证及副本。

第十一条　本办法第十条规定以外的其他纳税人,除国家机关、个人和无固定生产、经营场所的流动性农村小商贩外,均应当自纳税义务发生之日起 30 日内,向纳税义务发生地税务机关申报办理税务登记,税务机关核发税务登记证及副本。

第十二条　税务机关对纳税人税务登记地点发生争议的,由其共同的上级税务机关指定管辖。国家税务局（分局）、地方税务局（分局）之间对纳税人的税务登记发生争议的,依照本办法第六条的规定处理。

第十三条　纳税人在申报办理税务登记时,应当根据不同情况向税务机关如实提供以下证件和资料:

（一）工商营业执照或其他核准执业证件;

（二）有关合同、章程、协议书;

（三）组织机构统一代码证书;

（四）法定代表人或负责人或业主的居民身份证、护照或者其他合法证件。

第十四条　纳税人在申报办理税务登记时应当如实填写税务登记表。

第十五条　纳税人提交的证件和资料齐全且税务登记表的填写内容符合规定的,税务机关应及时发放税务登记证件。纳税人提交的证件和资料不齐全或税务登记表的填写内容不符合规定的,税务机关应当场通知其补正或重新填报。

第十六条　税务登记证件的主要内容包括纳税人名称、税务登记代码、法定代表人或负责人、生产经营地址、登记类型、核算方式、生产经营范围（主营、兼营）、发证日期、证件有效期等。

第十七条　已办理税务登记的扣缴义务人应当自扣缴义务发生之日起30日内,向税务登记地税务机关申报办理扣缴税款登记。税务机关在其税务登记证件上登记扣缴税款事项,税务机关不再发给扣缴税款登记证件。

根据税收法律、行政法规的规定可不办理税务登记的扣缴义务人,应当自扣缴义务发生之日起30日内,向机构所在地税务机关申报办理扣缴税款登记。税务机关核发扣缴税款登记证件。

第三章　变更登记

第十八条　纳税人税务登记内容发生变化的,应当向原税务登记机关申报办理变更税务登记。

第十九条　纳税人已在工商行政管理机关办理变更登记的,应当自工商行政管理机关变更登记之日起30日内,向原税务登记机关如实提供下列证件、资料,申报办理变更税务登记:

(一)工商登记变更表及工商营业执照;

(二)纳税人变更登记内容的有关证明文件;

(三)税务机关发放的原税务登记证件(登记证正、副本和登记表等);

(四)其他有关资料。

第二十条　纳税人按照规定不需要在工商行政管理机关办理变更登记,或者其变更登记的内容与工商登记内容无关的,应当自税务登记内容实际发生变化之日起30日内,或者自有关机关批准或者宣布变更之日起30日内,持下列证件到原税务登记机关申报办理变更税务登记:

(一)纳税人变更登记内容的有关证明文件;

(二)税务机关发放的原税务登记证件(登记证正、副本和税务登记表等);

(三)其他有关资料。

第二十一条　纳税人提交的有关变更登记的证件、资料齐全的,应如实填写税务登记变更表,经税务机关审核,符合规定的,税务机关应予以受理;不符合规定的,税务机关应通知其补正。

第二十二条　税务机关应当自受理之日起30日内,审核办理变更税务登记。纳税人税务登记表和税务登记证中的内容都发生变更的,税务机关按变更后的内容重新核发税务登记证件。

第四章　停业、复业登记

第二十三条　实行定期定额征收方式的个体工商户需要停业的,应当在停业前向税务机关申报办理停业登记。纳税人的停业期限不得超过1年。

第二十四条 纳税人在申报办理停业登记时,应如实填写停业申请登记表,说明停业理由、停业期限、停业前的纳税情况和发票的领、用、存情况,并结清应纳税款、滞纳金、罚款。

第二十五条 纳税人应当于恢复生产经营之前,向税务机关申报办理复业登记,如实填写《停、复业报告书》,领回并启用税务登记证件、发票领购簿及其停业前领购的发票。

第二十六条 纳税人停业期满不能及时恢复生产经营的,应当在停业期满前向税务机关提出延长停业登记申请,并如实填写《停、复业报告书》。

第五章 注销登记

第二十七条 纳税人发生解散、破产、撤销以及其他情形,依法终止纳税义务的,应当在向工商行政管理机关或者其他机关办理注销登记前,持有关证件和资料向原税务登记机关申报办理注销税务登记;按规定不需要在工商行政管理机关或者其他机关办理注册登记的,应当自有关机关批准或者宣告终止之日起15日内,持有关证件和资料向原税务登记机关申报办理注销税务登记。

第二十八条 纳税人因住所经营地点变动涉及改变税务登记机关的,应当在向工商行政管理机关或者其他机关申请办理变更、注销登记前,或者住所、经营地点变动前,持有关证件和资料,向原税务登记机关申报办理注销税务登记,并自注销税务登记之日起30日内向迁达地税务机关申报办理税务登记。

第二十九条 境外企业在中国境内承包建筑、安装、装配、勘探工程和提供劳务的,应当在项目完工、离开中国前15日内,持有关证件和资料,向原税务登记机关申报办理注销税务登记。

第三十条 纳税人办理注销税务登记前,应当向税务机关提交相关证明文件和资料,结清应纳税款、多退(免)税款、滞纳金和罚款,缴销发票、税务登记证件和其他税务证件,经税务机关核准后,办理注销税务登记手续。

第六章 外出经营报验登记

第三十一条 纳税人到外县(市)临时从事生产经营活动的,应当在外出生产经营以前,持税务登记证向主管税务机关申请开具《外出经营活动税收管理证明》（以下简称《外管证》）。

第三十二条 税务机关按照一地一证的原则,核发《外管证》,《外管证》的有效期限一般为30日,最长不得超过180天。

第三十三条 纳税人应当在《外管证》注明地进行生产经营前向当地税务机关报验登记,并提交下列证件、资料:

（一）税务登记证件副本；（二）《外管证》。纳税人在《外管证》注明地销售货物的,除提交以上证件、资料外应如实填写《外出经营货物报验单》申报查验货物。

第三十四条 纳税人外出经营活动结束,应当向经营地税务机关填报《外出经营活动情况申报表》,并结清税款、缴销发票。

第三十五条 纳税人应当在《外管证》有效期届满后10日内,持《外管证》回原税务登记地税务机关办理《外管证》缴销手续。

第七章 证照管理

第三十六条 税务机关应当加强税务登记证件的管理,采取实地调查、上门验证等方法,或者结合税务部门和工商部门之间,以及国家税务局（分局）、地方税务局（分局）之间的信息交换比对进行税务登记证件的管理。

第三十七条 税务登记证式样改变,需统一换发税务登记证的,由国家税务总局确定。

第三十八条 纳税人、扣缴义务人遗失税务登记证件的,应当自遗失税务登记证件之日起15日内,书面报告主管税务机关,如实填写《税务登记证件遗失报告表》,并将纳税人的名称、税务登记证件名称、税务登记证件号码、税务登记证件有效期、发证机关名称在税务机关认可的报刊上作遗失声明,凭报刊上刊登的遗失声明向主管税务机关申请补办税务登记证件。

第八章 非正常户处理

第三十九条 已办理税务登记的纳税人未按照规定的期限申报纳税,在税务机关责令其限期改正后,逾期不改正的,税务机关应当派员实地检查,查无下落并且无法强制其履行纳税义务的,由检查人员制作非正常户认定书,存入纳税人档案,税务机关暂停其税务登记证件、发票领购簿和发票的使用。

第四十条 纳税人被列入非正常户超过3个月的,税务机关可以宣布其税务登记证件失效,其应纳税款的追征仍按《税收征管法》及其《实施细则》的规定执行。

◆ 城乡个体工商户管理暂行条例

第一条 为了指导、帮助城乡劳动者个体经济的发展,加强对个体工商户的监督、管理,保护其合法权益,根据国家法律规定,制定本条例。

第二条 有经营能力的城镇待业人员、农村村民以及国家政策允许的其他人员,可以申请从事个体工商业经营,依法经核准登记后为个体工商户。

第三条 个体工商户可以在国家法律和政策允许的范围内,经营工业、手工业、建筑业、交通运输业、商业、饮食业、服务业、修理业及其他行业。

第四条 个体工商户,可以个人经营,也可以家庭经营。个人经营的,以个人全部财产承担民事责任;家庭经营的,以家庭全部财产承担民事责任。

第五条 个体工商户的合法权益受国家法律保护,任何单位和个人不得侵害。

第六条 国家工商行政管理局和地方各级工商行政管理局对个体工商户履行下列行政管理职责:

(一)对从事个体工商业经营的申请进行审核、登记,颁发营业执照;

(二)依照法律和本条例的规定,对个体工商户的经营活动进行管理和监督,保护合法经营,查处违法经营活动,维护城乡市场秩序;

(三)对个体劳动者协会的工作给予指导;

(四)国家授予的其他管理权限。

第七条 申请从事个体工商业经营的个人或者家庭,应当持所在地户籍证明及其他有关证明,向所在地工商行政管理机关申请登记,经县级工商行政管理机关核准领取营业执照后,方可营业。

第八条 个体工商户应当登记的主要项目如下:字号名称、经营者姓名和住所、从业人数、资金数额、组成形式、经营范围、经营方式、经营场所。

第九条 个体工商户改变字号名称、经营者住所、组成形式、经营范围、经营方式、经营场所等项内容,以及家庭经营的个体工商户改变家庭经营者姓名时,应当向原登记的工商行政管理机关办理变更登记。未经批准,不得擅自改变。

第十条　个体工商户应当每年在规定时间内，向所在地工商行政管理机关办理验照手续。逾期不办理且无正当理由的，工商行政管理机关有权收缴营业执照。

第十一条　个体工商户歇业时，应当办理歇业手续，缴销营业执照。自行停业超过6个月的，由原登记的工商行政管理机关收缴营业执照。

第十二条　个体工商户缴销、被收缴或者吊销营业执照时，应当向债权人清偿债务。

第十三条　个体工商户应当按照规定缴纳登记费和管理费。登记费和管理费的收费标准及管理办法，由国家工商行政管理局和财政部共同制定。

第十四条　个体工商户所需生产经营场地，当地人民政府应当纳入城乡建设规划，统筹安排。经批准使用的经营场地，任何单位和个人不得随意侵占。

第十五条　个体工商户生产经营所需原材料、燃料以及货源，需要由国营批发单位供应的，供应单位应当合理安排，不得歧视。

第十六条　个体工商户可以凭营业执照在银行或者其他金融机构按有关规定，开立账户，申请贷款。

第十七条　个体工商户营业执照是国家授权工商行政管理机关核发的合法凭证，除工商行政管理机关依照法定程序可以扣缴或者吊销外，任何单位和个人不得扣缴或者吊销。

第十八条　除法律、法规和省级人民政府另有规定者外，任何单位和个人不得向个体工商户收取费用。

第十九条　个体工商户应当遵守国家法律和政策的规定，自觉维护市场秩序，遵守职业道德，从事正当经营，不得从事下列活动：

（一）投机诈骗，走私贩私；

（二）欺行霸市，哄抬物价，强买强卖；

（三）偷工减料，以次充好，短尺少秤，掺杂使假；

（四）出售不符合卫生标准的、有害人身健康的食品；

（五）生产或者销售毒品、假商品、冒牌商品；

（六）出售反动、荒诞、海淫海盗的书刊、画片、音像制品；

（七）法律和政策不允许的其他生产经营活动。

第二十条　个体工商户应当按照税务机关的规定办理税务登记、建立账簿和申报纳税，不得漏税、偷税、抗税。

第二十一条　个体工商户按规定请帮手、带学徒应当签订书面合同，约定双方的权利和义务，规定劳动报酬、劳动保护、福利待遇、合同期限等事项。所签合同受国家法律保护，不得随意违反。

第二十二条　个体工商户违反规定的，由工商行政管理机关根据不同情况分别给予下列处罚：

（一）警告；

（二）罚款；

（三）没收非法所得；

（四）责令停止营业；

（五）扣缴或者吊销营业执照。

第二十三条　个体工商户及其从业人员拒绝、阻挠工商行政管理人员及其他管理人员依法执行职务，尚不够刑事处罚的，由公安机关依照有关规定处罚；触犯刑律的，依法追究刑事责任。

第二十四条　工商行政管理机关的工作人员或者其他管理人员违反本条例规定，严重失职、营私舞弊、收受贿赂或者侵害个体工商户合法权益的，有关主管机关应当根据情节给予行政处分和经济处罚；造成经济损失的，责令赔偿；触犯刑律的，依法追究刑事责任。

第二十五条　个体工商户对管理机关做出的违章处理不服时，应当首先按照处理决定执行，然后在收到处理决定通知之日起 15 日内向做出处理的机关的上级机关申请复议。

第二十六条　依照国家有关规定，个人经营或者家庭经营营利性的文化教育、体育娱乐、信息传播、科技交流、咨询服务，以及各种技术培训等项业务的，参照本条例规定执行。

第二十七条　本条例由国家工商行政管理局负责解释；实施细则由国家工商行政管理局制定。

◆ **中华人民共和国食品安全法实施条例**

第一章　总则

第一条　根据《中华人民共和国食品安全法》（以下简称食品安全法），

制定本条例。

第二条　县级以上地方人民政府应当履行食品安全法规定的职责；加强食品安全监督管理能力建设，为食品安全监督管理工作提供保障；建立健全食品安全监督管理部门的协调配合机制整合完善食品安全信息网络，实现食品安全信息共享和食品检验等技术资源的共享。

第三条　食品生产经营者应当依照法律、法规和食品安全标准从事生产经营活动，建立健全食品安全管理制度，采取有效管理措施，保证食品安全。

第四条　食品安全监督管理部门应当依照食品安全法和本条例的规定公布食品安全信息，为公众咨询、投诉、举报提供方便；任何组织和个人有权向有关部门了解食品安全信息。

第二章　食品生产经营

第五条　设立食品生产企业，应当预先核准企业名称，依照食品安全法的规定取得食品生产许可后，办理工商登记。县级以上质量监督管理部门依照有关法律、行政法规规定审核相关资料、核查生产场所、检验相关产品；对相关资料、场所符合规定要求以及相关产品符合食品安全标准或者要求的，应当做出准予许可的决定。

食品生产许可、食品流通许可和餐饮服务许可的有效期为 3 年。

第六条　食品生产经营者的生产经营条件发生变化，不符合食品生产经营要求的，食品生产经营者应当立即采取整改措施；有发生食品安全事故的潜在风险的，应当立即停止食品生产经营活动，并向所在地县级质量监督、工商行政管理或者食品药品监督管理部门报告；需要重新办理许可手续的，应当依法办理。

第七条　食品生产经营企业应当依照食品安全法的规定组织职工参加食品安全知识培训，学习食品安全法律、法规、规章、标准和其他食品安全知识，并建立培训档案。

第八条　食品生产经营者应当依照食品安全法的规定建立并执行从业人员健康检查制度和健康档案制度。

第九条　食品生产经营企业应当依照食品安全法的规定建立进货查验记录制度、食品出厂检验记录制度，如实记录法律规定记录的事项，或者保留载有相关信息的进货或者销售票据。记录、票据的保存期限不得少于 2 年。

第十条　　实行集中统一采购原料的集团性食品生产企业，可以由企业总部统一查验供货者的许可证和产品合格证明文件，进行进货查验记录；对无法提供合格证明文件的食品原料，应当依照食品安全标准进行检验。

第十一条　　食品生产企业应当建立并执行原料验收、生产过程安全管理、贮存管理、设备管理、不合格产品管理等食品安全管理制度，不断完善食品安全保障体系，保证食品安全。

第十二条　　食品生产企业应当就下列事项制定并实施控制要求，保证出厂的食品符合食品安全标准：

（一）原料采购、原料验收、投料等原料控制；

（二）生产工序、设备、贮存、包装等生产关键环节控制；

（三）原料检验、半成品检验、成品出厂检验等检验控制；

（四）运输、交付控制。

第十三条　　食品生产企业除依照食品安全法的规定进行进货查验记录和食品出厂检验记录外还应当如实记录食品生产过程的安全管理情况。记录的保存期限不得少于 2 年。

第十四条　　从事食品批发业务的经营企业销售食品，应当如实记录批发食品的名称、规格、数量、生产批号、保质期、购货者名称及联系方式、销售日期等内容，或者保留载有相关信息的销售票据。记录、票据的保存期限不得少于 2 年。

第十五条　　国家鼓励食品生产经营者采用先进技术手段，记录食品安全法和本条例要求记录的事项。

第十六条　　餐饮服务提供者应当制定并实施原料采购控制要求，确保所购原料符合食品安全标准。

第十七条　　餐饮服务提供企业应当定期维护食品加工、贮存、陈列等设施、设备；定期清洗、校验保温设施及冷藏、冷冻设施。

第十八条　　对依照食品安全法规定被召回的食品，食品生产者应当进行无害化处理或者予以销毁，防止其再次流入市场。

第三章　法律责任

第十九条　　食品生产经营者的生产经营条件发生变化，未依照本条例规定处理的，由有关主管部门责令改正，给予警告；造成严重后果的，依照食品安全法的规定给予处罚。

第二十条　餐饮服务提供者未依照本条例规定制定、实施原料采购控制要求的,依照食品安全法的规定给予处罚。

第二十一条　有下列情形之一的,依照食品安全法规定给予处罚:

(一)从事食品批发业务的经营企业未依照本条例规定记录、保存销售信息或者保留销售票据的;

(二)餐饮服务提供企业未依照本条例规定定期维护、清洗、校验设施、设备的;

(三)餐饮服务提供者未依照本条例规定对餐具、饮具进行清洗、消毒,或者使用未经清洗和消毒的餐具、饮具的。

◆ 严禁生产销售无证产品的规定

第一条　为确保重要工业产品的质量,加强对国家实施生产许可证的工业产品的管理,特制订本规定。

第二条　本规定所称无证产品,是指在国家实施生产许可证的产品中,工业企业未取得生产许可证而擅自生产的产品。

第三条　任何单位和个人,不得生产和销售无证产品。

第四条　工业产品生产许可证的发放工作分期进行。不同产品实施生产许可证管理的具体时间和取得生产许可证的企业名单,由全国工业产品生产许可证办公室审定后登报公告,并明确生效日期。

第五条　按本规定第四条登报公告生效前已投料生产及进货或销售的工业产品,不适用本规定。

第六条　工业企业生产的、已取得生产许可证的产品,必须在该产品的包装或说明书上标明生产许可证的标记、编号和批准日期。

第七条　按本规定第四条登报公告生效之日起,有关部门和单位必须对生产无证产品的工业企业采取以下措施:

(一)各级计划部门或企业主管机关停止下达无证产品的生产计划;

(二)各级物资供应部门停止供应生产无证产品的原材料;

(三)各级能源部门停止供应生产无证产品的电力和其他能源;

第八条　国家经济委员会及地方各级经济委员会对本规定第七条的执行情况负责监督检查;对拒不执行的部门或单位,与其同级的经济委会应当会同其上级主管机关追究该部门或单位负责人和有关责任人员的行政责任。

第九条　违反本规定第三条生产和销售无证产品的单位和个人,视情节轻重,追究以下行政责任:

(一)各级质量监督机构有权责令生产无证产品的单位停止生产,并处以相当于生产无证产品价值的罚款 15% ~ 20%;有使用价值的,必须经生产无证产品的单位的主管机关审批后,标明"处理品"字样,方可销售;

(二)各级质量监督机构或工商行政管理机关有权责令销售无证产品的单位和个人停止销售;已经售出的无证产品,由工商行政管理机关没收其全部违法所得,并处以相当于销售额 15% ~ 20% 的罚款;未售出的无证产品,由当地产品质量监督机构按照已经售出的无证产品的处理原则处理;

(三)生产或销售无证产品的单位的上级主管机关,应当对该单位负责人和直接责任者给予行政处分,并可扣发其奖金、工资。

被没收的违法所得和各项罚款,全额上缴国库。

第十条　乡镇企业生产和销售无证产品的,原则上适用本规定。

第十一条　本规定由国家经济委员会负责解释。

◆ 中华人民共和国价格法

第一章　总则

第一条　为了规范价格行为,发挥价格合理配置资源的作用,稳定市场价格总水平,保护消费者和经营者的合法权益,促进社会主义市场经济健康发展,制定本法。

第二条　在中华人民共和国境内发生的价格行为,适用本法。

本法所称价格包括商品价格和服务价格。

商品价格是指各类有形产品和无形资产的价格。

服务价格是指各类有偿服务的收费。

第三条　国家实行并逐步完善宏观经济调控下主要由市场形成价格的机制。价格的制定应当符合价值规律,大多数商品和服务价格实行市场调节价,极少数商品和服务价格实行政府指导价或者政府定价。

第二章　经营者的价格行为

第四条　商品价格和服务价格,除依照本法第十八条规定适用政府指导价或者政府定价外,实行市场调节价,由经营者依照本法自主制定。

第五条　经营者定价,应当遵循公平、合法和诚实信用的原则。

第六条　经营者定价的基本依据是生产经营成本和市场供求状况。

第七条　经营者应当努力改进生产经营管理,降低生产经营成本,为消费者提供价格合理的商品和服务,并在市场竞争中获取合法利润。

第八条　经营者应当根据其经营条件建立、健全内部价格管理制度,准确记录与核定商品和服务的生产经营成本,不得弄虚作假。

第九条　经营者进行价格活动,享有下列权利:

（一）自主制定属于市场调节的价格;

（二）在政府指导价规定的幅度内制定价格;

（三）制定属于政府指导价、政府定价产品范围内的新产品的试销价格,特定产品除外;

（四）检举、控告侵犯其依法自主定价权利的行为。

第十条　经营者进行价格活动,应当遵守价格法律、法规,执行依法制定的政府指导价、政府定价和法定的价格干预措施、紧急措施。

第十一条　经营者销售、收购商品和提供服务,应当按照政府价格主管部门的规定明码标价,注明商品的品名、产地、规格、等级、计价单位、价格或者服务的项目、收费标准等有关情况。经营者不得在标价之外加价出售商品,不得收取任何未予标明的费用。

第十二条　经营者不得有下列不正当价格行为:

（一）相互串通,操纵市场价格,损害其他经营者或者消费者的合法权益;

（二）在依法降价处理鲜活商品、季节性商品、积压商品等商品外,为了排挤竞争对手或者独占市场,以低于成本的价格倾销,扰乱正常的生产经营秩序,损害国家利益或者其他经营者的合法权益;

（三）捏造、散布涨价信息,哄抬价格,推动商品价格过高上涨的;

（四）利用虚假的或者使人误解的价格手段,诱骗消费者或者其他经营者与其进行交易;

（五）提供相同商品或者服务,对具有同等交易条件的其他经营者实行价格歧视;

第十三条　各类中介机构提供有偿服务收取费用,应当遵守本法的规定。法律另有规定的,按照有关规定执行。

第十四条　经营者销售进口商品、收购出口商品,应当遵守本章的有关规定,维护国内市场秩序。

第十五条　政府价格主管部门应当建立对价格违法行为的举报制度。

任何单位和个人均有权对价格违法行为进行举报。政府价格主管部门应当对举报人员给予鼓励,并负责为举报者保密。

第三章　法律责任

第十六条　经营者不执行政府指导价、政府定价以及法定的价格干预措施、紧急措施的,责令改正,没收违法所得,可以并处违法所得五倍以下的罚款;没有违法所得的,可以处以罚款;情节严重的,责令停业整顿。

第十七条　经营者有本法第十四条所列行为之一的,责令改正,没收违法所得,可以并处违法所得5倍以下的罚款;没有违法所得的,予以警告,可以并处罚款;情节严重的,责令停业整顿,或者由工商行政管理机关吊销营业执照。

第十八条　经营者因价格违法行为致使消费者或者其他经营者多付价款的,应当退还多付部分;造成损害的,应当依法承担赔偿责任。

第十九条　经营者违反明码标价规定的,责令改正,没收违法所得,可以并处5000元以下罚款。

第二十条　经营者被责令暂停相关营业而不停止的,或者转移、隐匿、销毁依法登记保存的财物的,处相关营业所得或者转移、隐匿、销毁的财物价值1倍以上3倍以下的罚款。

参考文献

[1] 吴一夫. 开店管店转店最新实用手册. 北京：中国言实出版社,2004.

[2] 刘逸新. 开店完全手册. 北京：中国纺织出版社,2002.

[3] 梁万里. 开店手册. 北京：中国华侨出版社,2002.

[4] 杨立新. 风格独特的小店经营. 北京：中国经济出版社,2002.

[5] 张佐政. 网店经营做赢家. 北京：企业管理出版社,2009.

[6] 李卫华. 连锁店铺开发与设计. 北京：电子工业出版社,2009.

[7] 杨哲,杨卫等. 商场超市店铺开发与经营. 上海：海天出版社,2008.

[8] 刘菲菲,张玉娟等. 一百个成功的店铺经营. 北京：机械工业出版
社,2005.

[9] 章银武. 中小店铺决胜之道. 北京：中国经济出版社,2007.

[10] 张思汉. 商店经理提高销售业绩法则. 成都：西南财经大学出版社,
2000.

[11] 吴一夫. 开店赢家. 成都：西南财经大学出版社,2004.

[12] 王军云.32 种赚钱店铺个性经营. 北京：中国华侨出版社,2006.

[13] 郭欣妮. 商店形象设计与塑造. 成都：西南财经大学出版社,2007.

[14] 薛高俊. 店铺经营的十大秘诀. 郑州：郑州大学出版社,2006.

[15] 孙一豪.20 类最赚钱店铺的经营资本. 乌鲁木齐：新疆人民出版社,
2004.

[16] 柏宏军. 店铺经营禁忌. 北京：人民邮电出版社,2006